JN041436

□ こ の 本 の 特 長 □

高校受験では，中学2年までの学習内容が，どれだけ確実に理解できているかどうかが合格の大きなカギになることは言うまでもありません。

本書は，近畿の各高校で近年に実施された入学試験・学力検査の問題から，**中学1年・2年で学習する内容で解答できる問題**を抽出し，分野別・単元別に分類して収録しました。

受験勉強の基礎固めとして適切な良問を選択していますので，正解できなかった問題は，別冊「解答・解説」を参考に，じゅうぶんに理解できるまで復習してください。

この1冊をていねいに学習することで，中学2年までの内容を効果的に復習することができます。それにより，中学3年の内容についても理解がいっそう深まることでしょう。

本書が，高校受験を目指す皆さんの基礎力強化に役立つことを願っています。

も く じ

1 音　声

§1. 語の発音

1　次の各組の単語について，下線部の発音が他と異なるものを1つ選び，記号で答えなさい。

(1)(　　　)　(2)(　　　)　(3)(　　　)　(4)(　　　)　(5)(　　　)　(6)(　　　)　(7)(　　　)

(8)(　　　)　(9)(　　　)　(10)(　　　)　(11)(　　　)　(12)(　　　)　(13)(　　　)　(14)(　　　)

(15)(　　　)　(16)(　　　)　(17)(　　　)　(18)(　　　)　(19)(　　　)　(20)(　　　)　(21)(　　　)

(22)(　　　)　(23)(　　　)　(24)(　　　)　(25)(　　　)　(26)(　　　)

(1)　ア　like　　　　イ　invite　　　ウ　arrive　　　エ　accident　　　（洛陽総合高）

(2)　ア　cook　　　イ　took　　　　ウ　shoot　　　エ　look　　　　　（浪速高）

(3)　ア　boat　　　イ　bought　　ウ　cold　　　　エ　open　　　　　（英真学園高）

(4)　ア　Japanese　イ　cause　　　ウ　news　　　エ　house　　　（関西大学北陽高）

(5)　ア　throw　　　イ　everything　ウ　south　　エ　that　　　（大阪商大堺高）

(6)　ア　church　　イ　character　ウ　speech　　エ　cheap　　　（大阪商大高）

(7)　ア　enough　　イ　every　　　ウ　eleven　　エ　remember　（大阪学院大高）

(8)　ア　coat　　　イ　uncle　　　ウ　once　　　エ　cook　　　　　（開明高）

(9)　ア　rain　　　イ　said　　　　ウ　straight　エ　train　　　（京都成章高）

(10)　ア　called　　イ　worked　　ウ　reached　エ　finished　（京都先端科学大附高）

(11)　ア　sheet　　　イ　sure　　　ウ　sharp　　エ　science　　（大商学園高）

(12)　ア　few　　　　イ　you　　　　ウ　cute　　　エ　cool　　　　（金蘭会高）

(13)　ア　dear　　　イ　there　　　ウ　care　　　エ　where　　　（京都外大西高）

(14)　ア　hand　　　イ　change　　ウ　apple　　エ　Japan　　　（近畿大泉州高）

(15)　ア　chef　　　イ　technology　ウ　chorus　エ　headache　（京都精華学園高）

(16)　ア　London　　イ　holiday　　ウ　among　　エ　month　　（好文学園女高）

(17)　ア　know　　　イ　how　　　　ウ　now　　　エ　down　　　（彩星工科高）

(18)　ア　umbrella　イ　uncle　　　ウ　under　　エ　uniform　　（星翔高）

(19)　ア　reason　　イ　meat　　　ウ　breakfast　エ　people　（四天王寺東高）

(20)　ア　takes　　　イ　makes　　ウ　washes　　エ　jumps　　（阪南大学高）

(21)　ア　walk　　　イ　baseball　ウ　cake　　　エ　famous　（姫路女学院高）

(22)　ア　thank　　　イ　together　ウ　tenth　　エ　Thursday　（東大谷高）

(23)　ア　earth　　　イ　heart　　　ウ　learn　　エ　heard　　（滝川第二高）

(24)　ア　danger　　イ　finger　　ウ　gesture　エ　gentle　　（東山高）

(25)　ア　keep　　　イ　read　　　ウ　straight　エ　receive　（京都女高）

(26)　ア　noise　　　イ　choose　　ウ　loose　　エ　because　（桃山学院高）

2　次の各組の単語の下線部の発音について，見出しの単語と同じものを下の選択肢の中から1つ選び，記号で答えなさい。

(1) sch<u>oo</u>l （　　）
　ア　ch<u>ur</u>ch　　　イ　sear<u>ch</u>　　　ウ　<u>qu</u>estion　　　エ　<u>sh</u>eep

(2) s<u>ea</u>son （　　）
　ア　sw<u>ea</u>t　　　イ　w<u>ea</u>ther　　　ウ　sp<u>ea</u>k　　　エ　w<u>ea</u>r　　　（神戸山手女高）

(3) l<u>a</u>ter （　　）
　ア　am<u>a</u>zing　　　イ　<u>a</u>ddition　　　ウ　<u>a</u>nywhere　　　エ　m<u>a</u>n

(4) tw<u>i</u>ce （　　）
　ア　v<u>i</u>deo　　　イ　tr<u>i</u>p　　　ウ　wr<u>i</u>ter　　　エ　r<u>i</u>ch　　　（大阪成蹊女高）

(5) n<u>ear</u> （　　）
　ア　<u>ear</u>th　　　イ　l<u>ear</u>n　　　ウ　cl<u>ear</u>　　　エ　w<u>ear</u>

(6) s<u>ou</u>thern （　　）
　ア　c<u>ou</u>sin　　　イ　m<u>ou</u>th　　　ウ　r<u>ou</u>nd　　　エ　h<u>ou</u>se　　　（近大附高）

(7) gr<u>ea</u>t （　　）
　ア　br<u>ea</u>k　　　イ　<u>ea</u>rly　　　ウ　h<u>ea</u>r　　　エ　h<u>ea</u>d

(8) lau<u>gh</u> （　　）
　ア　li<u>gh</u>t　　　イ　enou<u>gh</u>　　　ウ　dau<u>gh</u>ter　　　エ　throu<u>gh</u>　　　（神戸弘陵学園高）

(9) cl<u>ou</u>d （　　）
　ア　c<u>ou</u>ld　　　イ　en<u>ou</u>gh　　　ウ　<u>ou</u>tside　　　エ　t<u>ou</u>rism

(10) televi<u>s</u>ion （　　）
　ア　mu<u>s</u>ic　　　イ　ro<u>s</u>e　　　ウ　u<u>s</u>ual　　　エ　ju<u>dg</u>e　　　（ノートルダム女学院高）

(11) clerk<u>s</u> （　　）
　ア　son<u>s</u>　　　イ　computer<u>s</u>　　　ウ　shop<u>s</u>　　　エ　goal<u>s</u>

(12) ga<u>th</u>er （　　）
　ア　heal<u>th</u>　　　イ　<u>th</u>eater　　　ウ　al<u>th</u>ough　　　エ　mou<u>th</u>　　　（報徳学園高）

(13) s<u>ai</u>d （　　）
　ア　surpr<u>i</u>sed　　　イ　afr<u>ai</u>d　　　ウ　<u>a</u>pple　　　エ　k<u>e</u>pt

(14) b<u>oo</u>k （　　）
　ア　c<u>oo</u>l　　　イ　s<u>oo</u>n　　　ウ　f<u>oo</u>d　　　エ　w<u>oo</u>d　　　（箕面学園高）

3　次の各組で，下線部の発音が他の4つと異なるものを1つ選び，記号で答えなさい。　　（明星高）
　　1（　　）　2（　　）　3（　　）　4（　　）

1．ア．enco<u>u</u>rage　　イ．cl<u>ou</u>d　　ウ．f<u>ou</u>nd　　エ．br<u>ow</u>n　　オ．s<u>ou</u>th

2．ア．ba<u>th</u>　　イ．heal<u>th</u>　　ウ．<u>th</u>irsty　　エ．ei<u>th</u>er　　オ．ear<u>th</u>quake

3．ア．ch<u>ea</u>p　　イ．f<u>ie</u>ld　　ウ．m<u>ea</u>nt　　エ．r<u>ea</u>son　　オ．p<u>ie</u>ce

4．ア．lau<u>gh</u>　　イ．<u>ph</u>rase　　ウ．enou<u>gh</u>　　エ．nei<u>gh</u>bor　　オ．<u>ph</u>oto

4 次の各組の語について，下線部の発音が同じなら○，異なっていれば，×で答えなさい。

（大阪偕星学園高）

(1) $\left\{\begin{array}{l}\text{e}\underline{\text{a}}\text{t}\\\text{pol}\underline{\text{i}}\text{ce}\end{array}\right.$ （　　　） (2) $\left\{\begin{array}{l}\text{boy}\underline{\text{s}}\\\text{book}\underline{\text{s}}\end{array}\right.$ （　　　） (3) $\left\{\begin{array}{l}\text{kn}\underline{\text{i}}\text{fe}\\\text{k}\underline{\text{i}}\text{nd}\end{array}\right.$ （　　　）

(4) $\left\{\begin{array}{l}\text{c}\underline{\text{ou}}\text{ntry}\\\text{c}\underline{\text{u}}\text{t}\end{array}\right.$ （　　　） (5) $\left\{\begin{array}{l}\text{c}\underline{\text{au}}\text{ght}\\\text{c}\underline{\text{oa}}\text{t}\end{array}\right.$ （　　　）

5 次の(1)～(5)において，下線部の発音が同じ場合には○，異なる場合には×を，解答欄に記入しなさい。(1)(　　　) (2)(　　　) (3)(　　　) (4)(　　　) (5)(　　　)　（甲子園学院高）

(1) wh$\underline{\text{i}}$te, w$\underline{\text{i}}$nd　(2) $\underline{\text{sc}}$ience, $\underline{\text{sch}}$ool　(3) gr$\underline{\text{ea}}$t, p$\underline{\text{ea}}$ce　(4) ano$\underline{\text{th}}$er, bro$\underline{\text{th}}$er

(5) c$\underline{\text{oo}}$k, m$\underline{\text{oo}}$n

6 次の各組で，下線部の発音が同じ場合は○，異なる場合は×と答えなさい。　（神戸常盤女高）

1 (　　　) 2 (　　　) 3 (　　　) 4 (　　　) 5 (　　　)

1 $\left\{\begin{array}{l}\text{ch}\underline{\text{i}}\text{ld}\\\text{r}\underline{\text{i}}\text{ce}\end{array}\right.$ 2 $\left\{\begin{array}{l}\text{new}\underline{\text{s}}\\\text{book}\underline{\text{s}}\end{array}\right.$ 3 $\left\{\begin{array}{l}\text{play}\underline{\text{ed}}\\\text{want}\underline{\text{ed}}\end{array}\right.$ 4 $\left\{\begin{array}{l}\text{l}\underline{\text{oo}}\text{k}\\\text{c}\underline{\text{oo}}\text{k}\end{array}\right.$ 5 $\left\{\begin{array}{l}\underline{\text{th}}\text{is}\\\underline{\text{th}}\text{at}\end{array}\right.$

7 次の各組で，下線部の発音が同じものには○を，異なるものには×を書きなさい。（注：すべてを○または×と書かないこと）　（東大阪大柏原高）

1 (　　　) 2 (　　　) 3 (　　　) 4 (　　　) 5 (　　　)

1．arr$\underline{\text{i}}$ve － b$\underline{\text{i}}$g　2．ch$\underline{\text{a}}$nce － cl$\underline{\text{a}}$ss　3．cl$\underline{\text{u}}$b － h$\underline{\text{u}}$rry　4．h$\underline{\text{ear}}$ － w$\underline{\text{ear}}$

5．fr$\underline{\text{o}}$nt － c$\underline{\text{o}}$me

8 （　　　）内の下線部の発音が同じものには○，異なっているものには×と答えなさい。　（精華高）

(1)(　　　) (2)(　　　) (3)(　　　) (4)(　　　) (5)(　　　)

(1) (n$\underline{\text{a}}$me　c$\underline{\text{a}}$me)　(2) ($\underline{\text{o}}$nly　c$\underline{\text{o}}$llege)　(3) (b$\underline{\text{oo}}$k　n$\underline{\text{oo}}$n)

(4) (arr$\underline{\text{i}}$ve　g$\underline{\text{i}}$ve)　(5) (c$\underline{\text{ou}}$ntry　$\underline{\text{u}}$ncle)

9 次のア～カの各組の語で，下線部の発音が同じものを2つ選んで，記号で答えなさい。ただし，解答の順序は問わない。（　　　）（　　　）　（上宮太子高）

ア f$\underline{\text{oo}}$t：w$\underline{\text{oo}}$d　イ m$\underline{\text{o}}$nth：th$\underline{\text{ou}}$gh　ウ s$\underline{\text{o}}$n：en$\underline{\text{ou}}$gh　エ $\underline{\text{ear}}$th：h$\underline{\text{ear}}$t

オ s$\underline{\text{ch}}$ool：cat$\underline{\text{ch}}$　カ b$\underline{\text{oa}}$t：abr$\underline{\text{oa}}$d

10 次の1～2において，下線部の発音が，3つとも同じ場合はア，2つが同じ場合はイ，3つとも異なる場合はウと答えなさい。1 (　　　) 2 (　　　)　（関西大倉高）

1．ab$\underline{\text{o}}$ve　l$\underline{\text{o}}$se　$\underline{\text{o}}$nly

2．h$\underline{\text{ear}}$d　h$\underline{\text{ear}}$t　l$\underline{\text{ear}}$n

11　次の(1)～(4)の各組の語について，下線部の発音が三つとも同じならば○，三つとも異なるならば
×，一つだけ異なるのであればその記号を，それぞれ書きなさい。　　　　　　　　（奈良文化高）

(1)(　　　)　(2)(　　　)　(3)(　　　)　(4)(　　　)

(1)　ア． <u>a</u>ge　　イ．<u>a</u>ngry　　ウ．<u>A</u>sia

(2)　ア．am<u>o</u>ng　　イ．m<u>o</u>nth　　ウ．c<u>o</u>mpany

(3)　ア．paint<u>ed</u>　　イ．reach<u>ed</u>　　ウ．wish<u>ed</u>

(4)　ア．br<u>ea</u>k　　イ．ch<u>ea</u>p　　ウ．d<u>ea</u>d

12　各組の下線部の発音が3つとも同じ場合は○を，3つとも異なる場合は×を，1つだけ異なる場
合はその記号を書きなさい。　　　　　　　　　　　　　　　　　　　　　　　　（四天王寺高）

1 (　　　)　2 (　　　)　3 (　　　)　4 (　　　)

1．ア　<u>a</u>pple　　イ　<u>a</u>nimal　　ウ　<u>a</u>rea

2．ア　<u>Ch</u>ina　　イ　stoma<u>ch</u>　　ウ　<u>ch</u>ild

3．ア　<u>ear</u>　　イ　h<u>ear</u>d　　ウ　h<u>ear</u>t

4．ア　Oct<u>o</u>ber　　イ　h<u>o</u>me　　ウ　<u>o</u>pen

13　次の各組の中で，下線部の発音が見出しの語の発音と違うものを1つ選び，記号で答えなさい。
　　　　　　　　　　　　　　　　　　　　　　　　　　　　　　　　　　　　　（東洋大附姫路高）

(1)　br<u>ea</u>k　(　　　)

　　あ　bec<u>a</u>me　　い　br<u>ea</u>kfast　　う　c<u>a</u>ke　　え　ch<u>a</u>nge

(2)　h<u>o</u>st　(　　　)

　　あ　b<u>o</u>th　　い　b<u>ou</u>ght　　う　h<u>o</u>me　　え　h<u>o</u>pe

14　次の英文の下線部と同じ発音をする語を下の①～④より1つ選び，番号で答えなさい。
　　　　　　　　　　　　　　　　　　　　　　　　　　　　　　　　　　　　　（初芝立命館高）

(1)　She disapp<u>ea</u>red from her home. (　　　)

　　①　rep<u>ai</u>r　　②　<u>ea</u>r　　③　<u>ea</u>t　　④　sh<u>a</u>re

(2)　Which c<u>ou</u>ntry do you want to visit? (　　　)

　　①　s<u>ou</u>nd　　②　c<u>o</u>ld　　③　s<u>u</u>ddenly　　④　ret<u>u</u>rn

(3)　I was la<u>ugh</u>ed at by everyone. (　　　)

　　①　ni<u>gh</u>t　　②　enou<u>gh</u>　　③　ei<u>gh</u>t　　④　nei<u>gh</u>bor

(4)　I'm r<u>ea</u>dy now. (　　　)

　　①　m<u>ea</u>n　　②　f<u>ie</u>ld　　③　r<u>ea</u>son　　④　t<u>e</u>mperature

(5)　I <u>th</u>ought that he was great. (　　　)

　　①　<u>th</u>rough　　②　<u>th</u>eirs　　③　<u>th</u>ough　　④　<u>th</u>ese

15 次の各組の英文で下線部の発音が同じならば○，異なっていれば×を解答欄に記入しなさい。

(1)(　　　) (2)(　　　) (3)(　　　) (4)(　　　)　　　　　　　　　　　　（神港学園高）

(1)　Tom has r<u>ea</u>d the book many times in his school days.

　　He spr<u>ea</u>d out the large map on the desk in front of me.

(2)　This beautiful picture was p<u>ai</u>nted by a famous artist.

　　There is a big clock beh<u>i</u>nd the tall man in the room.

(3)　No one is all<u>ow</u>ed to swim in this dangerous river.

　　One of them went d<u>ow</u>n to the kitchen to get some milk.

(4)　All of us can learn many things from his exp<u>e</u>rience.

　　Tom and Nancy have to take c<u>a</u>re of their brother.

§２．語のアクセント

1 次の各単語の最も強く発音する部分を１つ選びなさい。

(1)(　　) (2)(　　) (3)(　　) (4)(　　) (5)(　　) (6)(　　) (7)(　　)

(8)(　　) (9)(　　) (10)(　　) (11)(　　) (12)(　　) (13)(　　) (14)(　　)

(15)(　　) (16)(　　) (17)(　　) (18)(　　) (19)(　　) (20)(　　) (21)(　　)

(22)(　　) (23)(　　) (24)(　　) (25)(　　) (26)(　　) (27)(　　) (28)(　　)

(29)(　　) (30)(　　) (31)(　　) (32)(　　) (33)(　　)

(1) ad-vice 　ア　イ	(2) e-vent 　ア　イ	(3) con-di-tion 　ア　イ　ウ	（東洋大附姫路高）
(4) su-per-mar-ket 　ア　イ　ウ　エ	(5) com-mu-ni-ca-tion 　ア　イ　ウ　エ　オ	(6) In-ter-net 　ア　イ　ウ	（阪南大学高）
(7) o-rig-i-nal 　ア　イ　ウ　エ	(8) en-gi-neer 　ア　イ　ウ	(9) gui-tar 　ア　イ	（神港学園高）
(10) al-read-y 　ア　イ　ウ	(11) con-tin-ue 　ア　イ　ウ	(12) No-vem-ber 　ア　イ　ウ	（甲子園学院高）
(13) bas-ket-ball 　ア　イ　ウ	(14) bor-row 　ア　イ	(15) in-flu-ence 　ア　イ　ウ	（京都橘高）
(16) com-pare 　ア　イ	(17) var-i-ous 　ア　イ　ウ	(18) char-ac-ter 　ア　イ　ウ	（関西大学北陽高）
(19) to-mor-row 　ア　イ　ウ	(20) vi-o-lin 　ア　イ　ウ	(21) veg-e-ta-ble 　ア　イ　ウ　エ	（市川高）
(22) pi-a-no 　ア　イ　ウ	(23) vol-un-teer 　ア　イ　ウ	(24) fa-vor-ite 　ア　イ　ウ	（大阪商大高）
(25) cal-en-dar 　ア　イ　ウ	(26) o-pin-ion 　ア　イ　ウ	(27) pop-u-lar 　ア　イ　ウ	（洛陽総合高）
(28) after-noon 　ア　イ	(29) beau-ti-ful 　ア　イ　ウ	(30) every-where 　ア　イ	（京都精華学園高）
(31) Jap-a-nese 　ア　イ　ウ	(32) va-ca-tion 　ア　イ　ウ	(33) home-work 　ア　イ	（兵庫大附須磨ノ浦高）

2　次の各組の語について，最も強く発音する音節の位置が他と異なるものを，次のア〜エから一つずつ選んで，記号で答えなさい。(1)(　　　) (2)(　　　) (3)(　　　) (4)(　　　)　　(近大附高)

(1)　ア　glob-al　　イ　pa-tient　　ウ　mod-el　　エ　de-sign

(2)　ア　com-put-er　　イ　con-tin-ue　　ウ　ex-cel-lent　　エ　re-mem-ber

(3)　ア　wel-come　　イ　be-gin　　ウ　for-get　　エ　en-joy

(4)　ア　re-cent-ly　　イ　dis-ap-pear　　ウ　cen-tur-y　　エ　med-i-cine

3　次の各組の単語について，最も強く読む位置の番号が他の3つの単語と異なるものを(ア)〜(エ)から一つ選び記号で答えなさい。　　(神戸龍谷高)

1(　　　) 2(　　　) 3(　　　) 4(　　　) 5(　　　)

1．(ア)　Mon-day　　(イ)　some-times　　(ウ)　birth-day　　(エ)　to-day
　　　　　1　2　　　　　　　1　　2　　　　　　　1　　2　　　　　　1　2

2．(ア)　sur-prise　　(イ)　ma-chine　　(ウ)　eight-een　　(エ)　fa-mous
　　　　　1　　2　　　　　　1　　2　　　　　　1　　2　　　　　　1　2

3．(ア)　a-mong　　(イ)　break-fast　　(ウ)　an-swer　　(エ)　car-ry
　　　　　1　2　　　　　　1　　2　　　　　　1　　2　　　　　　1　2

4．(ア)　news-pa-per　　(イ)　vol-ley-ball　　(ウ)　de-li-cious　　(エ)　In-ter-net
　　　　　1　　2　3　　　　　　1　　2　3　　　　　　1　　2　3　　　　　1　　2　3

5．(ア)　an-oth-er　　(イ)　af-ter-noon　　(ウ)　ex-am-ple　　(エ)　Sep-tem-ber
　　　　　1　2　3　　　　　　1　　2　　3　　　　　　1　　2　3　　　　　1　　2　3

4　次の(1)〜(5)について，最も強く発音する部分の番号が他の3つと異なる語を1つ選びなさい。

(1)(　　　) (2)(　　　) (3)(　　　) (4)(　　　) (5)(　　　)　　(神戸第一高)

(1)　A．cen-tu-ry　　B．dan-ger-ous　　C．ad-van-tage　　D．char-ac-ter
　　　　　1　2　3　　　　　　1　　2　3　　　　　　1　　2　3　　　　　　1　　2　3

(2)　A．un-til　　B．suf-fer　　C．ma-chine　　D．a-cross
　　　　　1　2　　　　　1　　2　　　　　1　　2　　　　　1　　2

(3)　A．sup-port　　B．po-lice　　C．plas-tic　　D．re-duce
　　　　　1　　2　　　　　1　　2　　　　　1　　2　　　　　1　　2

(4)　A．fa-mous　　B．pro-duce　　C．in-stead　　D．de-cide
　　　　　1　2　　　　　1　　2　　　　　1　　2　　　　　1　　2

(5)　A．per-son-al　　B．en-cour-age　　C．dif-fe-rent　　D．pre-fec-ture
　　　　　1　2　3　　　　　　1　　2　　3　　　　　1　2　3　　　　　　1　　2　3

5　次の各組のア〜エの単語の中で，もっとも強く発音する母音の位置がほかと異なるものをそれぞれ1つずつ選び，記号で答えなさい。　　(東山高)

1(　　　) 2(　　　) 3(　　　) 4(　　　) 5(　　　)

1．ア．orange　　イ．explain　　ウ．classmate　　エ．island

2．ア．machine　　イ．support　　ウ．perhaps　　エ．airport

3．ア．separate　　イ．condition　　ウ．medicine　　エ．excellent

4．ア．restaurant　　イ．December　　ウ．magician　　エ．fantastic

5．ア．independent　　イ．difficulty　　ウ．understanding　　エ．entertainment

6　次の1～12の単語の中で最も強く発音する部分が2番目にある語を4つ選び，番号で答えなさい。

（　　　）（　　　）（　　　）（　　　）（大阪成蹊女高）

1　in-ter-view　　2　for-est　　3　bor-row　　4　con-ven-ient　　5　al-though

6　clev-er　　7　eight-een　　8　pop-u-lar　　9　sis-ter　　10　per-cent

11　prac-tice　　12　vil-lage

7　次の各語の中で，最も強く発音する部分がイの位置にあるものを3つ選び，番号で答えよ。

（　　　）（　　　）（　　　）（開明高）

1．fi-nal-ly　　2．pro-gram　　3．sit-u-a-tion　　4．how-ev-er　　5．won-der-ful
　　ア　イ　ウ　　　　　ア　イ　　　　　ア　イ　ウ　エ　　　　　ア　イ　ウ　　　　　ア　イ　ウ

6．cas-tle　　7．vol-un-teer　　8．es-pe-cial-ly　　9．u-su-al-ly　　10．se-ri-ous
　　ア　イ　　　　　ア　イ　ウ　　　　　ア　イ　ウ　エ　　　　　ア　イ　ウ　エ　　　　ア　イ　ウ

11．com-mu-ni-cate　　12．e-lec-tric-i-ty
　　ア　イ　ウ　エ　　　　　　ア　イ　ウ　エ　オ

8　次のア～クの単語の中で，3の部分を最も強く発音するものを3つ選んで，記号で答えなさい。
ただし，解答の順序は問わない。（　　　）（　　　）（　　　）　　　　　（上宮太子高）

ア　De-cem-ber　　イ　an-i-mal　　ウ　vol-un-teer　　エ　Jap-a-nese　　オ　in-tro-duce
　　 1　2　3　　　　　1　2　3　　　　　1　2　3　　　　　1　2　3　　　　　1　2　3

カ　con-di-tion　　キ　to-mor-row　　ク　news-pa-per
　　 1　2　3　　　　　1　2　3　　　　　1　2　3

9　次の1～3において，第一アクセント（第一強勢）の位置が3つとも同じ場合はア，2つが同じ場合はイ，3つとも異なる場合はウと答えなさい。1（　　　）2（　　　）3（　　　）（関西大倉高）

1．ba-nan-a　　sight-see-ing　　vol-un-teer

2．as-tro-naut　　bas-ket-ball　　re-al-ly

3．char-ac-ter　　mu-se-um　　of-fi-cer

10　次の各組の中で最も強く発音する位置が3つとも同じなら○，3つとも異なるなら×，1つだけ異なるなら，その異なる語の記号を答えなさい。　　　　　　（天理高）

1（　　　）2（　　　）3（　　　）4（　　　）5（　　　）

1．ア．hol-i-day　　イ．to-mor-row　　ウ．yes-ter-day

2．ア．ba-nan-a　　イ．Can-a-da　　ウ．to-ma-to

3．ア．A-mer-i-ca　　イ．ex-pe-ri-ence　　ウ．im-pos-si-ble

4．ア．li-brar-y　　イ．mu-se-um　　ウ．vi-o-lin

5．ア．de-li-cious　　イ．dic-tio-nar-y　　ウ．dif-fer-ent

11　次の各組の単語の中で，最も強く発音する部分が，3つとも同じ場合は○，3つとも異なる場合は
×，1つだけ異なる場合はその記号を答えなさい。　　　　　　　　　　　　　　　（帝塚山高）

　　　1（　　　）　2（　　　）　3（　　　）　4（　　　）　5（　　　）　6（　　　）　7（　　　）

1．ア　ho-tel　　イ　ad-vice　　ウ　po-lice

2．ア　pi-an-o　　イ　vi-o-lin　　ウ　cam-er-a

3．ア　Af-ri-ca　　イ　In-ter-net　　ウ　Aus-tral-ia

4．ア　mu-se-um　　イ　en-gi-neer　　ウ　in-tro-duce

5．ア　hol-i-day　　イ　com-put-er　　ウ　va-ca-tion

6．ア　ac-tiv-i-ty　　イ　en-vi-ron-ment　　ウ　tem-per-a-ture

7．ア　com-mu-ni-cate　　イ　tra-di-tion-al　　ウ　pho-tog-ra-pher

§3．文の区切り・強勢

1　次の英文を1ヶ所区切って読むとすればどこで区切ればよいか，記号を答えなさい。　（華頂女高）

　　　1（　　　）　2（　　　）　3（　　　）

1．Let's go out if it is fine tomorrow.
　　　　ア　　イ　ウ　　　　エ

2．We went to Canada to study English.
　　　ア　イ　　　ウ　　　　エ

3．The letter says that he is going to spend his vacation in Hawaii.
　　　　　　　ア　　　　イ　　　　ウ　　　　エ

2　次の各組の対話文において，Bの発言のうち最も強く読まれる箇所を(ア)〜(エ)から一つ選び記号で
答えなさい。1（　　　）　2（　　　）　3（　　　）　4（　　　）　5（　　　）　　　　（神戸龍谷高）

1．A：　What did your son have in his bag?

　　B：　He had a ball in his bag.
　　　　　(ア)　(イ)　　(ウ)　　　(エ)

2．A：　Did you go to the library by bus yesterday?

　　B：　No. We walked there yesterday.
　　　　　　(ア)　(イ)　　(ウ)　　(エ)

3．A：　How are you going to tell Nancy about her birthday party?

　　B：　I will write to her.
　　　　(ア)(イ)　(ウ)　　(エ)

4．A：　Who gets up the earliest in your family?

　　B：　My grandfather does, I think.
　　　　　　(ア)　　　(イ)(ウ)(エ)

5．A：　Does February come before January?

　　B：　No. It comes after January.
　　　　　　(ア)　(イ)　(ウ)　　(エ)

3　次の各文において，最も強く発音する語を 1 つずつ選び，記号で答えなさい。　　（和歌山信愛高）

1 （　　　）　2 （　　　）　3 （　　　）

1．I don't like this bag. Please <u>show</u> <u>me</u> that <u>blue</u> <u>one</u>.
　　　　　　　　　　　　　　　　　ア　イ　　　　ウ　エ

2．There are many ways to communicate now. <u>In</u> my opinion, <u>e-mail</u> <u>is</u> the most <u>useful</u>.
　　　　　　　　　　　　　　　　　　　　　　ア　　　　　　イ　　ウ　　　　　エ

3．A： What are you looking for?

　　B： <u>I</u> cannot <u>find</u> <u>my</u> <u>wallet</u>.
　　　　ア　　　　イ　　ウ　　エ

4　次の対話の答えの文で，最も強く発音する語を 1 つ選び数字で答えなさい。　　（大阪商大高）

1 ）（　　　）　2 ）（　　　）　3 ）（　　　）　4 ）（　　　）　5 ）（　　　）

1 ）How do you go to school every day?

　　I <u>go</u> to <u>school</u> <u>by</u> <u>train</u> every day.
　　　 1　　　 2　　　 3　　 4

2 ）Will it rain tomorrow?

　　No, <u>it</u> will <u>be</u> <u>fine</u> <u>tomorrow</u>.
　　　　 1　　　 2　 3　　 4

3 ）What sport are you going to play after school?

　　<u>I'm</u> <u>going</u> to <u>play</u> <u>volleyball</u>.
　　 1　　 2　　　 3　　 4

4 ）Why did you go to the supermarket?

　　<u>I</u> <u>went</u> <u>there</u> to <u>buy some apples</u>.
　　 1　 2　　 3　　　　 4

5 ）When will Taro come back to Japan?

　　He <u>will</u> come <u>back</u> to <u>Japan</u> in <u>July</u>.
　　　　 1　　　 2　　　 3　　　 4

5　次の各対話において，選択肢のうち最も強く発音する部分を選び，記号で答えなさい。

(1)（　　　）　(2)（　　　）　(3)（　　　）　　　　　　　　　　　　　　（関大第一高）

(1)　A：Which do you like better, *takoyaki* or *okonomiyaki*?

　　B：I <u>like</u> <u>okonomiyaki</u> <u>better</u> than <u>takoyaki</u>.
　　　　ア　　　イ　　　　　　ウ　　　　　　エ

(2)　A：You look so tired. What time did you go to bed last night?

　　B：I <u>went</u> to bed at <u>1 a.m.</u> <u>because</u> I had to study for a <u>kanji</u> quiz.
　　　　ア　　　　　　　イ　　　ウ　　　　　　　　　　　　エ

(3)　A：Have you heard the news?

　　B：<u>Yes</u>. I <u>was</u> very sad <u>to</u> <u>hear</u> that.
　　　　ア　　　イ　　　　　　ウ　エ

2 語　い

§1. 語の変化

1 次のCとDの関係がAとBの関係と同じになるように，（　　）内に入るべき語を書きなさい。

	A	B	C	D	
(1)	two	second	nine	（　　）	
(2)	go	goes	study	（　　）	（履正社高）
(3)	sing	singing	come	（　　）	
(4)	teach	teacher	drive	（　　）	（芦屋学園高）
(5)	eight	ate	new	（　　）	
(6)	train	trains	baby	（　　）	（大阪暁光高）
(7)	teacher	school	nurse	（　　）	
(8)	Christmas	December	Halloween	（　　）	（育英高）
(9)	sea	swim	mountain	（　　）	
(10)	east	west	south	（　　）	（大阪産業大附高）
(11)	good	best	bad	（　　）	
(12)	open	close	remember	（　　）	（大阪商大高）
(13)	man	woman	boy	（　　）	
(14)	evening	dinner	morning	（　　）	（大阪電気通信大高）
(15)	apple	apples	knife	（　　）	
(16)	take	taken	write	（　　）	（大阪緑涼高）
(17)	few	many	little	（　　）	
(18)	one	won	meat	（　　）	（香ヶ丘リベルテ高）
(19)	lady	ladies	woman	（　　）	
(20)	Sunday	Monday	July	（　　）	（金光藤蔭高）
(21)	America	American	Canada	（　　）	
(22)	do	did	bring	（　　）	（京都精華学園高）
(23)	France	Europe	Japan	（　　）	
(24)	can	can't	will	（　　）	（大阪薫英女高）
(25)	know	known	wear	（　　）	
(26)	year	years	box	（　　）	（甲子園学院高）
(27)	write	right	threw	（　　）	
(28)	brother	sister	son	（　　）	（好文学園女高）

⑵⁹	do	did	am	(	)	
⑶⁰	they	their	we	(	)	（神戸弘陵学園高）
⑶¹	go	gone	come	(	)	
⑶²	white	black	day	(	)	（神戸国際大附高）
⑶³	cat	cats	foot	(	)	
⑶⁴	art	artist	music	(	)	（精華高）
⑶⁵	like	liked	teach	(	)	
⑶⁶	play	player	swim	(	)	（星翔高）
⑶⁷	drink	drank	break	(	)	
⑶⁸	new	newer	happy	(	)	（太成学院大高）
⑶⁹	sing	song	choose	(	)	
⑷⁰	100	hundred	1000	(	)	（天理高）
⑷¹	sister	sisters	bus	(	)	
⑷²	heavy	light	fast	(	)	（東大阪大柏原高）
⑷³	go	going	make	(	)	
⑷⁴	fast	fastest	easy	(	)	（アナン学園高）
⑷⁵	I	mine	she	(	)	
⑷⁶	go	come	buy	(	)	（近大附和歌山高）
⑷⁷	new	old	difficult	(	)	
⑷⁸	young	younger	big	(	)	（梅花高）
⑷⁹	bike	bikes	child	(	)	
⑸⁰	begin	begun	give	(	)	（京都両洋高）
⑸¹	1	first	20	(	)	
⑸²	there	their	here	(	)	（奈良大附高）
⑸³	go	going	drive	(	)	
⑸⁴	short	shorter	good	(	)	（プール学院高）
⑸⁵	hour	our	I	(	)	
⑸⁶	I	myself	they	(	)	（関西福祉科学大学高）

2　次の不規則動詞の活用表を完成させなさい。　　　　　　　　　　　　（開智高）

	原形	過去形	過去分詞形	ing 形
1	cut			
2	grow			
3	lay			
4	shake			
5	speak			

§2．つづりと意味

1　日本語の意味を表す英単語を，□にアルファベットの小文字を書き込んで完成させなさい。

1．体　bod□　　2．パン　brea□　　3．カード　□ard　　4．色　colo□

5．皿　dis□

2　次の日本語の意味を表す英語になるように，□に1字ずつ入れて単語を完成させなさい。

1　カップ　c□p　　2　金曜日　F□□day　　3　若い　y□□ng　　4　笑う　lau□□

5　自転車　bi□□cl□

3　次の日本語を英語で書きなさい。ただし，（　　）内のアルファベットで書き始めること。

①　お気に入りの（f）（　　　　）　　②　終わる・終える（f）（　　　　）　　③　山（m）（　　　　）

4　次の意味を表す英単語を答えなさい。　　　　　　　　　　　　　　　　

1．昼食（　　　　）　　2．写真（　　　　）　　3．信じる（　　　　）

5　ア～エの（　　）内にそれぞれ適切な英単語を入れなさい。

　　ア，イは横列，ウ，エは縦列の英単語を説明しています。

　　その英単語を1文字ずつ空欄に入れ，★①～④のアルファベットを小文字で答えなさい。

　　①（　　　　）②（　　　　）③（　　　　）④（　　　　）　　　　

ア．I usually eat（　　）at seven in the morning.　　イ．I got up（　　）today than yesterday.

ウ．The（　　）moves around the sun.　　エ．I want to see you if you are（　　）.

6　次の表の右側には，左側の語のグループに属する語が並んでいます。（ ① ）～（ ③ ）に入る語を，例を参考にしながら，それぞれ英語1語で書きなさい。　　　　　　　　　　　　　　　（兵庫県）

①(　　　　)　②(　　　　)　③(　　　　)

| 例 | weather | cloudy, rainy, snowy, sunny　など |

（ ① ）	spring, summer, fall, winter
meal	（ ② ）, lunch, dinner　など
（ ③ ）	blue, brown, purple, red, yellow　など

7　各組のすべての単語に関連する単語を下の語群から選び，記号で答えなさい。　　　　　　（精華高）

(1)(　　　　)　(2)(　　　　)　(3)(　　　　)　(4)(　　　　)　(5)(　　　　)

(1)　fork / knife / chopsticks

(2)　river / woods / sea

(3)　cap / dress / pants

(4)　apple / cherry / orange

(5)　hospital / hotel / bank

（語群）　ア　shirt　　イ　station　　ウ　banana　　エ　spoon　　オ　lake

8　次の各組で，他の3語と異なる種類の語を1語選び，記号で答えなさい。　　　　　　（芦屋学園高）

(1)(　　　　)　(2)(　　　　)　(3)(　　　　)　(4)(　　　　)　(5)(　　　　)

(1)　ア　dog　　イ　horse　　ウ　bird　　エ　lion

(2)　ア　carrot　　イ　apple　　ウ　orange　　エ　banana

(3)　ア　sun　　イ　fine　　ウ　cloudy　　エ　rainy

(4)　ア　nose　　イ　hand　　ウ　ear　　エ　eye

(5)　ア　January　　イ　February　　ウ　Sunday　　エ　March

9　次の(1)～(5)の単語の反対の意味の語を1つ選びなさい。　　　　　　（神戸第一高）

(1)　cheap（　　　　）

　A．high　　B．tall　　C．expensive　　D．large

(2)　empty（　　　　）

　A．full　　B．enough　　C．fall　　D．stomach

(3)　peace（　　　　）

　A．poor　　B．sad　　C．lonely　　D．war

(4)　cool（　　　　）

　A．well　　B．funny　　C．interesting　　D．warm

(5)　quiet（　　　　）

　A．loud　　B．big　　C．hot　　D．quick

10　次の語の<u>反対</u>の意味を表す語を書きなさい。　　　　　　　　　　　　　　（市川高）

(1)(　　　　)　(2)(　　　　)　(3)(　　　　)　(4)(　　　　)　(5)(　　　　)

(1)　near　　(2)　young　　(3)　difficult　　(4)　winter　　(5)　big

11　次の単語はある規則に従って順番に並んでいる。（ 1 ）～（ 10 ）に入る単語をそれぞれ答えよ。

（ノートルダム女学院高）

(1)　first － second － (1　　　　) － fourth － (2　　　　)

(2)　Sunday － Monday － Tuesday － (3　　　　) － (4　　　　) － Friday － Saturday

(3)　spring － (5　　　　) － (6　　　　) － winter

(4)　January － (7　　　　) － March － April － May － June － July － August － September －

(8　　　　) － November － December

(5)　one － ten － one (9　　　　) － one (10　　　　)

1 － 10 －　　　　100　　　 －　　　　1,000

12　次の(1)～(5)の各文について，例にならって適切な英文になるように（　　　）内の文字を並べかえて単語を完成させなさい。　　　　　　　　　　　　　　　　　　　　　　　（星翔高）

（例）　Mother sent a birthday (acdr) to her son.　→　card

(1)　She (aalswy) looks sleepy. (　　　　)

(2)　Playing the (agirtu) is fun. (　　　　)

(3)　He told us an (eegiinnrstt) story. (　　　　)

(4)　My sister entered (ijnoru) high school. (　　　　)

(5)　He was (eehinrtt) years old last year. (　　　　)

13　次の各英文の（　　　）内に入る最も適当なものを下のア～エの中からそれぞれ１つ選び，記号で答えなさい。　　　　　　　　　　　　　　　　　　　　　　　　　　　（大阪偕星学園高）

(1)　(　　　　) is a game played with a bat and ball on a field with four bases.

ア．Soccer　　イ．Volleyball　　ウ．Baseball　　エ．Basketball

(2)　(　　　　) is the first meal of the day.

ア．Snack　　イ．Dinner　　ウ．Lunch　　エ．Breakfast

(3)　The (　　　　) is round and shinny in the sky at night.

ア．cloud　　イ．sun　　ウ．moon　　エ．wind

(4)　The last month of the year is (　　　　).

ア．June　　イ．August　　ウ．October　　エ．December

(5)　When a person doesn't have much time, we say, "He is (　　　　)"

ア．busy　　イ．free　　ウ．kind　　エ．happy

14 次の英文が説明している語をそれぞれ下の語群から1つ選び，記号で答えなさい。ただし，同じ語を2回以上使うことはできません。 (神戸国際大附高)

1．You can cover your face with it. (　　　)

2．You don't feel good? You are... (　　　)

3．I want to see a doctor. Where should I go? (　　　)

4．Stop. Don't move. (　　　)

5．You can sleep in it. You usually go to it at night. (　　　)

6．Wash your hands, and they'll be... (　　　)

7．You didn't feel good, but now you're fine. Then you got... (　　　)

8．Not here. Very far. (　　　)

ア．hospital　イ．bed　ウ．ill　エ．stay　オ．away　カ．better　キ．clean
ク．mask

15 下の(1)～(3)の英文を読み，それぞれの問いに1語の英単語で答えよ。 (滝川第二高)

(1)(　　　) (2)(　　　) (3)(　　　)

(1) What is the sister of your father or mother, or the wife of your father's or mother's brother?

(2) What is the tenth month of the year?

(3) What is the day between Tuesday and Thursday?

16 次の空所に入れるのに最も適切な1語を答えなさい。ただし，指定された文字で書き始めること。

(1)(　　　) (2)(　　　) (3)(　　　) (4)(　　　) (5)(　　　) (三田学園高)

(1) If you have a cold, take this m____ to get better.

(2) A b____ is built over a river or road and people can walk on it.

(3) "Is there anything w____ with this computer?" "The battery is broken."

(4) Hurry up, or you'll m____ the school bus. You can't be late for school again.

(5) December is the t____ month of the year.

17 次の（　　　）に，それぞれ与えられたアルファベットで始まる適切な語を1語入れ，英文を完成しなさい。 (東海大付大阪仰星高)

(1) I hear that you're going on a trip. Who will take（c　　　）of your dog while you are away?

(2) Tony has practiced tennis very hard to（w　　　）the final game. He missed the chance to be the champion last year.

(3) If you catch a cold, you should see a（d　　　）before it gets worse.

(4) Don't take a taxi. It's very expensive. Please take the（b　　　）to the station.

(5) Bob often comes（l　　　）for school. He needs to get up earlier to be on time.

18　次の各文の（　　）内に入る最も適切な語を答えなさい。ただし，指定された文字で始めなさい。

　　1（　　　）　2（　　　）　3（　　　）　4（　　　）　5（　　　）　　　　　（園田学園高）

　1．Please find Hokkaido on this（m　　）. It is in the north of Japan.

　2．Which fruit do you like, an apple or an（o　　）?

　3．I bought a（r　　）to play tennis with my friend.

　4．My favorite（s　　）is English. I have studied it since I was 10 years old.

　5．Did you visit that new restaurant? Food there is（d　　）and cheap.

19　次の英文が説明しているものを日本語で答えなさい。　　　　　　　　　　（東大阪大敬愛高）

　(1)　It is the day after today.（　　　　）

　(2)　This country is the closest to Japan. The capital is Seoul.（　　　　）

　(3)　In 2025, this festival will be held in Osaka. It has been held there once.（　　　　）

20　次の英文を読み，（　　）に入れるのに最も適切な語を答えなさい。　　　（四天王寺高）

　1．I was born in（　　　　）— the eighth month of the year.

　2．"What's the（　　　　）like in Tokyo?" — "It's cloudy."

　3．An hour has sixty（　　　　）.

　4．Your（　　　　）is the child of your uncle or aunt.

21　次のア～エの各組の A のそれぞれの下線部の語と同じ発音で異なる単語が B の（　　）内に入ります。その単語をそれぞれ英語で答えなさい。　　　　　　　　　　　　　（神戸星城高）

　ア．A ：　I want a <u>new</u> bike, because mine is very old.

　　　B ：　The little boys（　　　　）that the earth is round.

　イ．A ：　I will have a <u>piece</u> of cake.

　　　B ：　We all love（　　　　）of the world.

　ウ．A ：　My father walks <u>through</u> the park and goes to work every morning.

　　　B ：　He（　　　　）a ball high into the air.

　エ．A ：　A pretty girl <u>passed</u> by me.

　　　B ：　It's half（　　　　）eleven now.

22　次の各組の文の（　　）には，発音は同じでつづりの違う語が入ります。意味が通じるように，（ア）と（イ）に入る適切な語をそれぞれ書きなさい。　　　　　　　　　（東大谷高）

　1）Last night the strong wind（ア　　　）in our town.

　　　The girl with（イ　　　）eyes is his sister.

　2）My father cut some（ア　　　）to make a chair.

　　　（イ　　　）you like to drink a cup of tea?

　3）He has two bicycles.（ア　　　）is red and the other is white.

　　　Finally he（イ　　　）the speech contest.

3 文　　法

§1. 名詞・代名詞・冠詞

1　次の文の（　　）に入れるのに最も適当なものを選択肢の中から1つ選び，記号で答えなさい。

(1)　Mari asked (　　　) about the news.

　　ア　he　　イ　him　　ウ　his　　　　　　　　　　　　　　　　　　（華頂女高）

(2)　This cake is (　　　).

　　ア　her　　イ　their　　ウ　his　　　　　　　　　　　　　　　　　（京都西山高）

(3)　I have lost my pencil, so I have to buy (　　　) tomorrow.

　　ア　it　　イ　one　　ウ　them　　　　　　　　　　　　　　　　　　（梅花高）

(4)　Whose jacket is that? It's (　　　).

　　ア　me　　イ　my　　ウ　mine　　　　　　　　　　　　　　（香ヶ丘リベルテ高）

(5)　I go to school with (　　　) every day.

　　ア　he　　イ　his　　ウ　him　　　　　　　　　　　　　　　　　　（履正社高）

(6)　Joe Biden is the new (　　　) of the United States.

　　ア　teacher　　イ　leader　　ウ　driver　　　　　　　（アサンプション国際高）

(7)　She got a letter from a friend of (　　　) when she was in a hospital.

　　ア　her　　イ　she　　ウ　hers　　　　　　　　　　　　　　（光泉カトリック高）

(8)　This computer is (　　　).

　　ア　Julian's　　イ　Julian of　　ウ　Julians　　　　　　　　　（大阪成蹊女高）

(9)　I tried to read a book about Edison yesterday, but (　　　) book was very hard for me
to understand.

　　ア　a　　イ　an　　ウ　the　　　　　　　　　　　　　　　　（近大附和歌山高）

(10)　I don't like this wine glass. Please show me (　　　).

　　ア　it　　イ　one　　ウ　other　　エ　another　　　　　　　　　　　（育英高）

(11)　I have a dog. (　　　) hair is very long.

　　ア　It　　イ　Its　　ウ　It's　　エ　Their　　　　　　　　　　（大阪偕星学園高）

(12)　John likes oranges, but Kate doesn't like (　　　).

　　ア　one　　イ　it　　ウ　they　　エ　them　　　　　　　　　　（大阪産業大附高）

(13)　I was in the library (　　　) hour ago.

　　ア　a　　イ　some　　ウ　a few　　エ　an　　　　　　　　　　　（金光大阪高）

(14)　My cell phone is very old, so I'm going to buy a new (　　　).

　　ア　it　　イ　one　　ウ　that　　エ　this　　　　　　　　　　　（京都外大西高）

⒂　The last month of the year is (　　　).

　ア　December　　イ　January　　ウ　September　　エ　November　　　　(近江兄弟社高)

⒃　She works at the restaurant. She is a (　　　).

　ア　teacher　　イ　cook　　ウ　doctor　　エ　nurse　　　　(洛陽総合高)

⒄　Some of (　　　) live in Kyoto City.

　ア　ours　　イ　us　　ウ　our　　エ　we　　　　(京都文教高)

⒅　Next Monday is my aunt's birthday. I'm going to give (　　　) a watch.

　ア　she　　イ　her　　ウ　hers　　エ　herself　　　　(神戸第一高)

⒆　Look! There is (　　　) cat on the roof.

　ア　a　　イ　the　　ウ　that　　エ　your　　　　(報徳学園高)

⒇　I'm very hungry. I want to go to a (　　　) to buy bread.

　ア　supermarket　　イ　restaurant　　ウ　zoo　　エ　hotel　　　　(大阪夕陽丘学園高)

(21)　"Whose pencil is this?" "It's (　　　)."

　ア　her　　イ　hers　　ウ　herself　　エ　she

(22)　We have twenty-four (　　　) in a day.

　ア　hours　　イ　minutes　　ウ　seconds　　エ　times　　　　(城南学園高)

(23)　The brothers like (　　　) mother.

　ア　they　　イ　them　　ウ　theirs　　エ　their

(24)　Your mother's sister is your (　　　).

　ア　sister　　イ　brother　　ウ　aunt　　エ　uncle　　　　(宣真高)

(25)　This pen is not mine. I think it's (　　　).

　ア　you　　イ　your　　ウ　yours　　エ　yourself　　　　(滝川第二高)

(26)　Taro played baseball with (　　　).

　ア　they　　イ　their　　ウ　them　　エ　theirs　　　　(初芝橋本高)

(27)　(　　　) of the girls has her own iPad in this school.

　ア　Each　　イ　Some　　ウ　Both　　エ　All　　　　(奈良女高)

(28)　A (　　　) has seven days.

　ア　week　　イ　month　　ウ　year　　エ　century　　　　(桃山学院高)

(29)　A：　Did you know Thomas has two houses in Europe?

　　　B：　Yes, I did. One is in Switzerland, and (　　　) is in Greece.

　ア　others　　イ　another　　ウ　other　　エ　the other　　　　(奈良学園高)

(30)　My father made the cake by (　　　).

　ア　he　　イ　his　　ウ　him　　エ　himself　　　　(東山高)

(31)　How about going to the zoo this afternoon? — Good! I have (　　　) to do today.

　ア　anything　　イ　nothing　　ウ　everything　　エ　something　　　　(立命館守山高)

(32)　Paul, a friend of (　　　), is a famous novelist.

　ア　I　　イ　me　　ウ　mine　　エ　myself　　　　(立命館高)

2 　次の各文の（　　）内の語を適当な形に直しなさい。

(1) There are two (box) on the chair. （　　　　） 　　　　（アナン学園高）

(2) How many (story) do you know? （　　　　） 　　　　（金蘭会高）

(3) Is this book yours or (she)? （　　　　） 　　　　（華頂女高）

(4) She is a good tennis (play). （　　　　） 　　　　（香ヶ丘リベルテ高）

(5) You can see three (knife) on the table. （　　　　） 　　　　（橿原学院高）

(6) Some (girl) are walking in the park. （　　　　） 　　　　（京都廣学館高）

(7) Some students can speak (China) well. （　　　　） 　　　　（星翔高）

(8) Mr. Green is an old friend of (I). （　　　　） 　　　　（梅花高）

3 　次の各組の文がほぼ同じ意味を表すように，（　　）に1語ずつ入れなさい。

(1) This pencil is mine.

　　This is （　　　　） pencil. 　　　　（神戸常盤女高）

(2) Kate sings well.

　　Kate is a （　　　　） （　　　　）. 　　　　（興國高）

(3) Are those her CDs?

　　Are those CDs （　　　　）? 　　　　（太成学院大高）

(4) Mr. Tanaka is my mother's brother.

　　Mr. Tanaka is my （　　　　）. 　　　　（好文学園女高）

(5) He is our English teacher.

　　He （　　　　） （　　　　） English. 　　　　（大阪暁光高）

(6) Who can sing the best in your class?

　　Who is the best （　　　　） in your class? 　　　　（京都明徳高）

(7) I am on the baseball team.

　　I am a （　　　　） （　　　　） the baseball team. 　　　　（報徳学園高）

(8) Nozomi is one of my friends.

　　Nozomi is a friend of （　　　　）. 　　　　（大商学園高）

(9) They are all high school students.

　　All （　　　　） （　　　　） are high school students. 　　　　（神戸星城高）

(10) How can I get to Tenri Station?

　　Will you show me the （　　　　） （　　　　） Tenri Station? 　　　　（天理高）

(11) This bag belongs to you, doesn't it?

　　This bag is （　　　　）, isn't it? 　　　　（東山高）

(12) We have two foreign students from China and Korea.

　　There are two students. One is from China and （　　　　） （　　　　） is from Korea.

　　　　（奈良育英高）

§2. 動詞・助動詞

1　次の文の（　　）に入れるのに最も適当なものを選択肢の中から1つ選び，記号で答えなさい。

(1)　She （　　　） live in Toyonaka now.

　　ア　didn't　　イ　wasn't　　ウ　doesn't

(2)　I （　　　） a red bike three years ago.

　　ア　have　　イ　had　　ウ　has　　　　　　　　　　　　　　　　（梅花高）

(3)　Who （　　　） the piano well?

　　ア　play　　イ　does play　　ウ　plays　　　　　　　　　　　（大阪成蹊女高）

(4)　Ken and I （　　　） in the same class last year.

　　ア　am　　イ　was　　ウ　are　　エ　were　　　　　　　　　（清明学院高）

(5)　Lisa can （　　　） the piano.

　　ア　play　　イ　plays　　ウ　to play　　エ　playing　　　　　（昇陽高）

(6)　（　　　） Ken playing tennis in the park now?

　　ア　Is　　イ　Are　　ウ　Does　　エ　Do　　　　　　　　　（洛陽総合高）

(7)　There （　　　） beautiful birds in the park.

　　ア　is　　イ　was　　ウ　were　　エ　isn't

(8)　（　　　） we go to the movies next weekend?

　　ア　Have　　イ　Do　　ウ　May　　エ　Shall　　　　　　　（大阪信愛学院高）

(9)　Could you （　　　） the book to me?

　　ア　tell　　イ　send　　ウ　buy　　エ　borrow

(10)　You （　　　） study harder if you want to live abroad.

　　ア　can　　イ　cannot　　ウ　may　　エ　must　　　　　　　（追手門学院高）

(11)　He （　　　） be rich because he lives in such a big house.

　　ア　shall　　イ　will　　ウ　must　　エ　may not

(12)　Emily was busy, so she （　　　） practice the violin yesterday.

　　ア　isn't　　イ　wasn't　　ウ　doesn't　　エ　didn't　　　　（園田学園高）

(13)　Who （　　　） math in your class?

　　ア　is　　イ　teach　　ウ　teaches　　エ　teaching　　　　　（浪速高）

(14)　A ：　I'm hungry.

　　　B ：　（　　　） you like some pizza?

　　ア　Shall　　イ　Must　　ウ　May　　エ　Would　　　　　　（華頂女高）

(15)　She （　　　） have to come to school tomorrow.

　　ア　don't　　イ　mustn't　　ウ　doesn't　　エ　isn't　　　　（神戸第一高）

(16)　Yusuke （　　　） to answer this question now.

　　ア　have　　イ　has　　ウ　must　　エ　had　　　　　　　　（京都外大西高）

(17)　Please（　　　）me the way to the station.

　　ア　say　　イ　talk　　ウ　tell　　エ　speak　　　　　　　　　　（大阪桐蔭高）

(18)　（　　　）your sister going to study abroad next March?

　　ア　Are　　イ　Has　　ウ　Is　　エ　Will　　　　　　　　　　　（天理高）

(19)　The doctor said that I need to（　　　）medicine.

　　ア　drink　　イ　catch　　ウ　eat　　エ　take　　　　　　　（大阪夕陽丘学園高）

(20)　You look tired. You（　　　）go to bed early.

　　ア　don't　　イ　must not　　ウ　don't have to　　エ　should　　（京都先端科学大附高）

(21)　You finished all things to do. You（　　　）free tomorrow.

　　ア　are　　イ　be　　ウ　will be　　エ　will are　　　　　　　（箕面学園高）

(22)　A：　Did you（　　　）the good news? Meg is going to join our tennis team.

　　　B：　That's great!

　　ア　hear　　イ　talk　　ウ　listen　　エ　speak　　　　　　　（京都文教高）

(23)　"（　　　）I open the door?" "Yes, please. Thank you."

　　ア　Will　　イ　Shall　　ウ　Did　　エ　Have　　　　　　　（好文学園女高）

(24)　Excuse me.（　　　）I sit here?

　　ア　Would　　イ　Will　　ウ　May　　エ　Had　　　　　　　　　（大阪高）

(25)　Did you buy the book? You can（　　　）it from the library.

　　ア　borrow　　イ　lend　　ウ　sell　　エ　teach　　　　　　　　（開智高）

(26)　What are you（　　　）to do tomorrow?

　　ア　go　　イ　goes　　ウ　went　　エ　going　　　　　　　（東大阪大柏原高）

(27)　It（　　　）5 hours to get to the sea.

　　ア　comes　　イ　goes　　ウ　makes　　エ　takes　　　　　　　（金光藤蔭高）

(28)　Everyone in the gym（　　　）listening to the new teacher then.

　　ア　is　　イ　are　　ウ　was　　エ　were　　　　　　　　　（報徳学園高）

(29)　His father（　　　）younger than he really is.

　　ア　looks　　イ　watches　　ウ　sees　　エ　looks at　　　　　（神戸星城高）

(30)　The other day he read this interesting book and（　　　）it back in the library.

　　ア　put　　イ　puts　　ウ　is put　　エ　to put　　　　　　（雲雀丘学園高）

(31)　Lisa had a lot of homework to do, so she（　　　）be tired now.

　　ア　can't　　イ　must　　ウ　won't　　エ　is going to　　　　（早稲田摂陵高）

(32)　She is always（　　　）about her job. I don't like that.

　　ア　complaining　　イ　completing　　ウ　continuing　　エ　comparing（大阪教大附高平野）

(33)　We（　　　）attend the meeting last weekend.

　　ア　must　　イ　had to　　ウ　don't have to　　エ　couldn't be　　（立命館宇治高）

(34)　Who（　　　）the car then?

　　ア　are driving　　イ　did driving　　ウ　was driving　　エ　could giving　　（立命館高）

2　次の各文の（　　）内の語を適当な形に直しなさい。

(1) Mr. Yamaguchi (be) able to speak Chinese when he was young. （　　　）

(2) I am (go) to Sendai next month. （　　　）　　　　　　　　　　　　（アナン学園高）

(3) Reading books (be) important for you. （　　　）　　　　　　　　　　（橿原学院高）

(4) It was (rain) when I got up. （　　　）　　　　　　　　　　　　　　（華頂女高）

(5) The earth (move) around the Sun. （　　　）　　　　　　　（関西福祉科学大学高）

(6) There (be) many people in the park yesterday. （　　　）

(7) My sister usually (go) to bed at eleven. （　　　）

(8) Yuki (visit) her uncle last Saturday. （　　　）　　　　　　　　　　（京都明徳高）

(9) Ken and I (be) in the library yesterday morning. （　　　）　　　　（金光大阪高）

(10) (Do) your father have time now? （　　　）　　　　　　　　　　　（京都廣学館高）

(11) She always (carry) a camera with her. （　　　）　　　　　　　　　　　（星翔高）

3　次の各組の文がほぼ同じ意味を表すように，（　　）に1語ずつ入れなさい。

(1) Mr. Nishino is our social studies teacher.

　　Mr. Nishino （　　　）（　　　）social studies.　　　　　　　　（近江兄弟社高）

(2) He is a member of the basketball club.

　　He （　　　）（　　　）the basketball club.　　　　　　　　　　　（育英高）

(3) Who is the writer of this book?

　　Who （　　　）this book?　　　　　　　　　　　　　　　　　　（金光大阪高）

(4) Don't run in the room.

　　You （　　　）not （　　　）in the room.　　　　　　　　　　（大阪商大堺高）

(5) There are two parks in our city.

　　Our city （　　　）two parks.　　　　　　　　　　　　　　　　（大阪商大高）

(6) I have plans to study abroad next summer.

　　I'm （　　　）（　　　）study abroad next summer.　　　　　　（大阪緑涼高）

(7) We have much rain in June.

　　It （　　　）a （　　　）in June.

(8) This box is too heavy for me to carry.

　　This box is so heavy （　　　）I （　　　）carry it.

(9) We will visit Hokkaido next year.

　　We （　　　）（　　　）to visit Hokkaido next year.　　　　　（華頂女高）

(10) I can speak Chinese.

　　I am （　　　）（　　　）speak Chinese.　　　　　　　　　　（金光藤蔭高）

(11) Don't eat too much.

　　You （　　　）eat too much.　　　　　　　　　　　　　　　（京都精華学園高）

(12) I'm sure that the tall man is a musician.

The tall man (　　　) (　　　) a musician.　　　　　　　（近大附和歌山高）

(13) She must wear glasses for reading.

She (　　　) (　　　) wear glasses for reading.　　　　（興國高）

(14) My father could not sleep last night.

My father was not (　　　) (　　　) sleep last night.　　（好文学園女高）

(15) There are four rooms in my house.

My house (　　　) four rooms.　　　　　　　　　　　　（金蘭会高）

(16) You must study English.

You have (　　　) study English.　　　　　　　　　　（神戸常盤女高）

(17) My town has three parks.

There (　　　) three parks (　　　) my town.　　　　　（梅花高）

(18) Let's go shopping tomorrow.

(　　　) we go shopping tomorrow?　　　　　　　　　　（金光大阪高）

(19) He usually goes to school on foot.

He usually (　　　) (　　　) school.　　　　　　　　　（大谷高）

(20) I will go fishing next Sunday.

I (　　　) (　　　) to go fishing next Sunday.　　　　　（樟蔭高）

(21) They could not arrive at the hotel by themselves.

They (　　　) (　　　) to arrive at the hotel by themselves.　　（天理高）

(22) Keisuke enjoyed himself at the Halloween party.

Keisuke (　　　) a good (　　　) at the Halloween party.　（関西大学北陽高）

(23) They had a lot of snow in Hokkaido yesterday.

(　　　) (　　　) a lot in Hokkaido yesterday.　　　　　（帝塚山高）

(24) My brother made up his mind to study in Canada.

My brother (　　　) (　　　) study in Canada.　　　　　（奈良大附高）

(25) His father went to Europe by plane last year.

His father (　　　) (　　　) Europe last year.　　　　　（立命館高）

---

4 次の各文を（　　　）内の指示にしたがって書きかえなさい。

(1) The student studies English. （現在進行形に）

(　　　　　　　　　　　　　　　　　　　　　　　　　　　　　　　）

(2) He comes to my house. （否定文に）

(　　　　　　　　　　　　　　　　　　　　　　　　　　　　　　　）

(3) Hinako read *DEMON SLAYER. （否定文に）　　　*鬼滅の刃　　　（市川高）

(　　　　　　　　　　　　　　　　　　　　　　　　　　　　　　　）

(4) Mari always drinks coffee after lunch. （疑問文に）

　　(　　　　　　　　　　　　　　　　　　　　　　　　　　　)

(5) My cat sleeps on the floor. （現在進行形に）　　　　　　　　　（大阪暁光高）

　　(　　　　　　　　　　　　　　　　　　　　　　　　　　　)

(6) I swam in the river yesterday. （下線部を at about five yesterday にかえて進行形の文に）

　　　　　　　　　　　　　　　　　　　　　　　　　　　（追手門学院高）

　　(　　　　　　　　　　　　　　　　　　　　　　　　　　　)

(7) I will buy a new bag tomorrow. （be 動詞を使った未来形の文に）

　　(　　　　　　　　　　　　　　　　　　　　　　　　　　　)

(8) She tried to cook pizza. （疑問文に）　　　　　　　　（香ヶ丘リベルテ高）

　　(　　　　　　　　　　　　　　　　　　　　　　　　　　　)

(9) He is eighteen. （文末に next month を加えて未来の文に）　（京都西山高）

　　(　　　　　　　　　　　　　　　　　　　　　) next month.

(10) My friend isn't busy on Monday. （下線部を next Monday に変えて）

　　(　　　　　　　　　　　　　　　　　　　　　　　　　　　)

(11) Taro must cook dinner by seven. （「〜する必要はない」の意味を表す否定文に）

　　　　　　　　　　　　　　　　　　　　　　　　　　（近大附和歌山高）

　　(　　　　　　　　　　　　　　　　　　　　　　　　　　　)

§3. 感嘆文・命令文

1 次の文の（　　）に入れるのに最も適当なものを選択肢の中から1つ選び，記号で答えなさい。

(1) (　　　　) cute pens you have!

　　ア　What　　イ　How　　ウ　Why　　　　　　　（近大附和歌山高）

(2) (　　　　) be afraid of making mistakes.

　　ア　Do　　イ　Did　　ウ　Don't　　　　　　　　　（華頂女高）

(3) You are so noisy. (　　　　) quiet!

　　ア　Be　　イ　Are　　ウ　Do　　　　　　　　（神戸弘陵学園高）

(4) (　　　　) a beautiful flower it is!

　　ア　How　　イ　Which　　ウ　What　　　　　（光泉カトリック高）

(5) Takeshi, (　　　　) play the piano after nine in the evening.

　　ア　don't　　イ　doesn't　　ウ　didn't　　　　　　　（履正社高）

(6) (　　　　) talking when you eat dinner.

　　ア　Stop　　イ　Stopped　　ウ　To stop　　　　　　　（星翔高）

(7) Tom, please (　　　　) up.

　　ア　stands　　イ　stand　　ウ　stood　　エ　standing　　（大阪産業大附高）

(8) （　　　　） me the picture, please.

　ア　Show　　イ　Shows　　ウ　Showing　　エ　Showed　　　　　　　（大商学園高）

(9) （　　　　） careful when you carry that glass.

　ア　Don't　　イ　Aren't　　ウ　Do　　エ　Be　　　　　　　　　　（大阪偕星学園高）

(10) （　　　　） kind to old people.

　ア　Is　　イ　Do　　ウ　Be　　エ　Are　　　　　　　　　　　　　（清明学院高）

(11) （　　　　） noisy in the library. A lot of people are reading books.

　ア　No　　イ　Don't　　ウ　Be not　　エ　Don't be　　　　　　（大阪体育大学浪商高）

(12) （　　　　） huge the baseball field in your school is!

　ア　Very　　イ　What　　ウ　How　　エ　So　　　　　　　　　　（初芝立命館高）

(13) Get up earlier tomorrow, （　　　　） you can catch the first train.

　ア　if　　イ　when　　ウ　and　　エ　or　　　　　　　　　　　　（奈良学園高）

(14) Hurry up, （　　　　） you will be late for school.

　ア　and　　イ　or　　ウ　so　　エ　if　　　　　　　　　　　　　　（清風高）

2　次の各組の文がほぼ同じ意味を表すように，（　　　　）に 1 語ずつ入れなさい。

(1) You must not run in the classroom.

　（　　　　）（　　　　） in the classroom.　　　　　　　　　　　（上宮高）

(2) You mustn't be late for the party.

　（　　　　）（　　　　） late for the party.　　　　　　　　　　（大谷高）

(3) This cake is very big.

　（　　　　）（　　　　） big cake this is!　　　　　　　　　　　（芦屋学園高）

(4) Shall we go to the concert together?

　（　　　　） go to the concert together!　　　　　　　（関西福祉科学大学高）

(5) You should be kind to everyone.

　（　　　　） kind to everyone.　　　　　　　　　　　　　　　　（大阪緑涼高）

(6) What an expensive car this is!

　（　　　　） expensive this car is!　　　　　　　　　　　　　　（東山高）

(7) Be on time.

　Don't （　　　　）（　　　　）.　　　　　　　　　　　　　　（奈良大附高）

(8) If you leave right now, you can catch the train.

　（　　　　） right now, or you will （　　　　） the train.　　（報徳学園高）

(9) If you don't wear your coat, you'll catch a cold.

　（　　　　） your coat, （　　　　） you'll catch a cold.　　　（金光八尾高）

§4. 形容詞・副詞・比較

1　次の文の（　　）に入れるのに最も適当なものを選択肢の中から1つ選び，記号で答えなさい。

(1)　This bridge is（　　）than that one.

　　ア　long　　イ　longer　　ウ　longest　　　　　　　　　　　　　　　（星翔高）

(2)　The football game was so（　　）.

　　ア　excite　　イ　exciting　　ウ　excited　　　　　　　　　　（近大附和歌山高）

(3)　If you want to go to another country, your passport is（　　）.

　　ア　necessary　　イ　international　　ウ　actually　　　　（アサンプション国際高）

(4)　I get up the（　　）in my family.

　　ア　earliest　　イ　earlier　　ウ　early　　　　　　　　　　　　　（梅花高）

(5)　He can swim（　　）than I.

　　ア　fastest　　イ　fast　　ウ　fasts　　エ　faster　　　　　　　　　（興國高）

(6)　Tokyo is（　　）city in Japan.

　　ア　bigger　　イ　the biggest　　ウ　the most big　　エ　big　　　（大阪暁光高）

(7)　Will you have（　　）cup of coffee?

　　ア　many　　イ　some　　ウ　another　　エ　other　　　　　　　（芦屋学園高）

(8)　Clean your shoes before you go to school. Your shoes are very（　　）.

　　ア　sick　　イ　thirsty　　ウ　wet　　エ　dirty　　　　　　　　　（洛陽総合高）

(9)　There is（　　）water in the lake.

　　ア　so　　イ　many　　ウ　much　　エ　a　　　　　　　　　　（プール学院高）

(10)　He is（　　）at playing tennis than his brother.

　　ア　more better　　イ　more　　ウ　good　　エ　better　　　　　（甲子園学院高）

(11)　I have just 20 books but Misa has about 30. She has（　　）books than me.

　　ア　many　　イ　as many as　　ウ　more　　エ　most　　　　　（大阪薫英女高）

(12)　Tom hasn't cleaned his room（　　）.

　　ア　already　　イ　since　　ウ　yet　　エ　just　　　　　　　　（四條畷学園高）

(13)　It will be（　　）next Sunday.

　　ア　sun　　イ　sunny　　ウ　sunning　　エ　sunned　　　　　　（平安女学院高）

(14)　He speaks English as（　　）as you.

　　ア　well　　イ　good　　ウ　nice　　エ　most　　　　　　　　（大阪信愛学院高）

(15)　This book is（　　）interesting than that one.

　　ア　most　　イ　more　　ウ　many　　エ　any　　　　　　　　　（神戸第一高）

(16)　A：　How did you like Japan?

　　　B：　I had a（　　）time.

　　ア　much　　イ　great　　ウ　many　　エ　lot　　　　　　　　（雲雀丘学園高）

⑴ What is the (　　　) mountain in Japan? — It's Mt. Fuji.

　ア　higher　　イ　highest　　ウ　high　　エ　higher than　　　　　（大阪学院大高）

⑱ There is (　　　) time before noon.

　ア　few　　イ　a few　　ウ　many　　エ　little

⑲ Tokyo is bigger than any (　　　) city in Japan.

　ア　one　　イ　another　　ウ　other　　エ　others　　　　　（上宮太子高）

⑳ Please listen to the (　　　) news. It is very interesting.

　ア　later　　イ　latest　　ウ　more late　　エ　most late　　　　　（奈良育英高）

㉑ Ken can dance the (　　　) of all students in his class.

　ア　well　　イ　better　　ウ　more　　エ　best　　　　　（大阪体育大学浪商高）

㉒ The library was built in 2010, but was closed (　　　) years later.

　ア　few　　イ　a few　　ウ　little　　エ　a little　　　　　（追手門学院高）

㉓ There weren't (　　　) apples on the table.

　ア　any　　イ　few　　ウ　some　　エ　much　　　　　（大阪産業大附高）

㉔ I like spring (　　　) than fall.

　ア　better　　イ　best　　ウ　good　　エ　much　　　　　（金光藤蔭高）

㉕ Ken is as (　　　) I am.

　ア　tall as　　イ　taller than　　ウ　the tallest as　　エ　twice taller than　　　　　（関西創価高）

㉖ Ken practiced tennis after school today. He was very (　　　), so he went to bed early.

　ア　useful　　イ　tired　　ウ　right　　エ　long

㉗ I always study English (　　　) than Math.

　ア　harder　　イ　hard　　ウ　hardest　　エ　the hardest　　　　　（大阪夕陽丘学園高）

㉘ A：　Which is the (　　　) these five cities?

　　B：　I think it is Tokyo.

　ア　largest of　　イ　largest in　　ウ　larger than　　エ　larger to　　　　　（奈良学園高）

㉙ Mike plays the guitar (　　　) his class.

　ア　as well as　　イ　better than　　ウ　the best in　　エ　better in　　　　　（早稲田摂陵高）

㉚ You should go to the hospital as soon as (　　　).

　ア　can　　イ　could　　ウ　possible　　エ　able　　　　　（東大阪大敬愛高）

㉛ Tokyo is one of the (　　　) cities in the world.

　ア　very bigger　　イ　biggest　　ウ　more big　　エ　most big　　　　　（大谷高）

㉜ George bought (　　　) Fred did.

　ア　books twice as many as　　イ　twice as many books as　　ウ　twice as many as books

　エ　twice many as books as　　　　　（立命館宇治高）

㉝ No (　　　) student in the class is better than Kate.

　ア　another　　イ　any　　ウ　more　　エ　other　　　　　（灘高）

2　次の各文の（　　）内の語を適当な形に直しなさい。

(1)　This soup is (hot) than that. （　　　）　　　　　　　　　　　　　　（金光大阪高）

(2)　My grandfather told me an (interest) story. （　　　　）

(3)　Annie plays basketball (well) than me. （　　　）　　　　　　　　　　　（橿原学院高）

(4)　Roy runs the (fast) in our class. （　　　）　　　　　　　　　　　　　　（阪南大学高）

(5)　Who can play the piano the (well) in this class? （　　　）　　　　　　（香ヶ丘リベルテ高）

(6)　Which ball is (big), this one or that one? （　　　）

(7)　What sport do you like the (good)? （　　　）　　　　　　　　　　　　　（アナン学園高）

(8)　January is the (one) month of the year. （　　　　）

(9)　My sister is (tall) than I am. （　　　）　　　　　　　　　　　　　　　（京都廣学館高）

(10)　Are (that) pencils yours? （　　　）　　　　　　　　　　　　　　　　　（金蘭会高）

3　次の各組の文がほぼ同じ意味を表すように，（　　）に1語ずつ入れなさい。

(1)　January is longer than February.

　　January is not as （　　　） as February.　　　　　　　　　　　　　　（京都明徳高）

(2)　Mt. Fuji is not as high as Mt. Everest.

　　Mt. Everest is （　　　） than Mt. Fuji.　　　　　　　　　　　　　　（太成学院大高）

(3)　Naomi can fold origami well. Her brother can fold origami well too.

　　Naomi's brother can fold origami （　　　）（　　　）（　　　） she can.

(4)　I like baseball the best of all sports.

　　（　　　）（　　　）（　　　） is baseball.　　　　　　　　　（アサンプション国際高）

(5)　No one in my family can cook as well as me.

　　I am the （　　　）（　　　） in my family.　　　　　　　　　　　　　　（育英高）

(6)　Hideki wants to study abroad.

　　Hideki wants to study （　　　） a （　　　） country.　　　　　　　　　（上宮高）

(7)　There is no man in that library.

　　There aren't （　　　）（　　　） in that library.　　　　　　　　　（大阪商大堺高）

(8)　My father is 35 years old. My mother is 31 years old.

　　My mother is four years （　　　） than my father.　　　　　　　　　　（大阪商大高）

(9)　It will snow a lot in Osaka next month.

　　We will have （　　　）（　　　） in Osaka next month.　　　　　　　　（賢明学院高）

(10)　Taro runs very fast.

　　Taro is a very （　　　）（　　　）.　　　　　　　　　　　　　　　　　（浪速高）

(11)　Hokkaido is colder than Okinawa.

　　Okinawa is （　　　）（　　　） Hokkaido.　　　　　　　　　　　　　　（樟蔭高）

(12)　Yumi is a good speaker of English.

　　Yumi （　　　） English （　　　）.　　　　　　　　　　　　　　　　　（開明高）

(13) Hideki went to the library with Miyuki.

Hideki and Miyuki went to the library (　　　).

(14) My mother always goes to bed after me.

I always go to bed (　　　) than my mother.　　　　　　　　　（大商学園高）

(15) No student in our school runs faster than Satoru.

Satoru is (　　　) (　　　) runner in our school.　　　　　（関西大学北陽高）

(16) Betty is younger than Alice. Nancy is older than Alice.

Nancy is (　　　) (　　　) (　　　) the three.　　　　　　（関大第一高）

(17) Jane can't swim as fast as Nancy.

Nancy can swim (　　　) (　　　) Jane.　　　　　　　　　（四天王寺高）

(18) Soccer is more popular than any other sport in England.

Soccer is the (　　　) popular (　　　) all the sports in England.　（プール学院高）

(19) Naomi can play tennis better than Keiko.

Keiko can't play tennis as (　　　) as Naomi.　　　　　　　　（東山高）

(20) He was the youngest of all the boys in the park.

He was younger than (　　　) (　　　) boy in the park.　　　　（報徳学園高）

(21) This is the largest room in our hotel.

(　　　) other room in this hotel is (　　　) than this.　　　　（金光八尾高）

(22) Your idea is not the same as mine.

Your idea is (　　　) (　　　) mine.　　　　　　　　　　　（立命館高）

(23) Kei looks older than he really is.

Kei is (　　　) (　　　) (　　　) as he looks.　　　　　　　（灘高）

§5.　前　置　詞

1　次の文の（　　）に入れるのに最も適当なものを選択肢の中から1つ選び，記号で答えなさい。

(1)　The train arrived (　　　) the station.

　　ア　from　　イ　to　　ウ　at　　　　　　　　　　　　　　　（大阪成蹊女高）

(2)　He takes care (　　　) his little brother.

　　ア　at　　イ　on　　ウ　of　　　　　　　　　　　　　　　　（星翔高）

(3)　This road will lead you (　　　) the station.

　　ア　to　　イ　for　　ウ　on　　　　　　　　　　　　　　　（近大附和歌山高）

(4)　The bus stop is (　　　) the street.

　　ア　across　　イ　from　　ウ　through　　エ　into　　　　　　（芦屋学園高）

(5)　Look! There are many birds (　　　) the roof.

　　ア　for　　イ　on　　ウ　at　　エ　to　　　　　　　　　　　（育英高）

(6)　We have many buildings (　　　) our town.

　　ア　on　　イ　in　　ウ　at　　エ　of　　　　　　　　（東大阪大柏原高）

(7)　We are going to visit Jim (　　　) Friday.

　　ア　at　　イ　in　　ウ　on　　エ　to　　　　　　　　（甲子園学院高）

(8)　In the United States, school starts (　　　) September.

　　ア　in　　イ　on　　ウ　since　　エ　at　　　　　　　（京都外大西高）

(9)　What did you do (　　　) your vacation?

　　ア　for　　イ　during　　ウ　while　　エ　to

(10)　She looked (　　　) the baby.

　　ア　after　　イ　in　　ウ　before　　エ　into　　　　（上宮太子高）

(11)　Did you see my key? I'm looking (　　　) it.

　　ア　after　　イ　by　　ウ　for　　エ　on　　　　　　（英真学園高）

(12)　This desk is made (　　　) wood.

　　ア　for　　イ　of　　ウ　in　　エ　by　　　　　　　　（近江兄弟社高）

(13)　Mike has worked at my school (　　　) two years.

　　ア　with　　イ　for　　ウ　at　　エ　when　　　　　　（大阪学院大高）

(14)　My sister always helps me (　　　) my English homework.

　　ア　on　　イ　for　　ウ　at　　エ　with　　　　　　　（大阪薫英女高）

(15)　Aya went to the library. Her sister went there (　　　) her.

　　ア　on　　イ　of　　ウ　to　　エ　with　　　　　　　（大阪信愛学院高）

(16)　This jam is made (　　　) blueberries and sugar.

　　ア　by　　イ　from　　ウ　of　　エ　to　　　　　　　（大阪青凌高）

(17)　I couldn't sleep (　　　) all last night.

　　ア　in　　イ　at　　ウ　over　　エ　with　　　　　　（大阪体育大学浪商高）

(18)　There are many kinds of fruits in this shop. (　　　) example, they have oranges, bananas
　　and apples.

　　ア　Of　　イ　For　　ウ　On　　エ　In

(19)　Some people are afraid (　　　) dark places.

　　ア　in　　イ　on　　ウ　at　　エ　of　　　　　　　　（大阪夕陽丘学園高）

(20)　I met a tall girl (　　　) long hair.

　　ア　with　　イ　for　　ウ　on　　エ　at　　　　　　　（大谷高）

(21)　Please say something (　　　) English.

　　ア　by　　イ　in　　ウ　of　　エ　to　　　　　　　　（開智高）

(22)　A：　Where is my bag? I lent it to you yesterday.

　　B：　Sorry. I put it (　　　) the closet.

　　ア　in　　イ　for　　ウ　on　　エ　with　　　　　　　（京都先端科学大附高）

(23)　I came up （　　　） a good idea.

　　ア　on　　イ　for　　ウ　with　　エ　from　　　　　　　　　　（京都精華学園高）

(24)　He is different （　　　） me. He is nice.

　　ア　in　　イ　of　　ウ　for　　エ　from　　　　　　　　　　（京都成章高）

(25)　Mike came to school （　　　） lunch, so I gave him a sandwich.

　　ア　with　　イ　without　　ウ　after　　エ　outside　　　　　　（京都文教高）

(26)　Do you go to school （　　　） foot or by bus?

　　ア　on　　イ　in　　ウ　at　　エ　with　　　　　　　　　　（常翔啓光学園高）

(27)　There is a supermarket （　　　） my house.

　　ア　among　　イ　between　　ウ　near　　エ　with　　　　　　（彩星工科高）

(28)　Thursday comes （　　　） Friday.

　　ア　after　　イ　between　　ウ　before　　エ　to　　　　　　　（樟蔭高）

(29)　The girl （　　　） white is called Yuri.

　　ア　with　　イ　on　　ウ　in　　エ　at　　　　　　　　　　（雲雀丘学園高）

(30)　She usually reads newspapers （　　　） the morning.

　　ア　at　　イ　in　　ウ　of　　エ　on　　　　　　　　　　　（城南学園高）

(31)　A：　How did you learn about Japanese history? You know many things.

　　　B：　In fact, I've learned much about it （　　　） the Internet.

　　ア　on　　イ　in　　ウ　by　　エ　with　　　　　　　　　　（須磨学園高）

(32)　Bob was absent （　　　） school yesterday.

　　ア　from　　イ　for　　ウ　to　　エ　at　　　　　　　　　　（精華高）

(33)　Australia is famous （　　　） its beautiful beach.

　　ア　for　　イ　at　　ウ　in　　エ　on　　　　　　　　　　　（園田学園高）

(34)　Please wait （　　　） tomorrow morning.

　　ア　to　　イ　by　　ウ　since　　エ　until　　　　　　　　　（奈良大附高）

(35)　A：　Oh, I have nothing to write （　　　）.

　　　B：　Don't worry. I can give you a sheet of paper.

　　ア　with　　イ　on　　ウ　for　　エ　by　　　　　　　　　（龍谷大付平安高）

(36)　I invited Tom （　　　） my birthday party.

　　ア　to　　イ　of　　ウ　with　　エ　between　　　　　　　　（平安女学院高）

(37)　Ken helped his mother and cut vegetable （　　　） a knife.

　　ア　in　　イ　at　　ウ　on　　エ　with　　　　　　　　　　（箕面学園高）

(38)　Tuesday comes （　　　） Monday and Wednesday.

　　ア　but　　イ　between　　ウ　either　　エ　among　　　　　　（早稲田摂陵高）

(39)　A：　I need to work a little more.

　　　B：　Shall we meet （　　　） an hour?

　　ア　at　　イ　on　　ウ　before　　エ　in　　　　　　　　　（立命館高）

2　（　）に入る適語を，語群から選び答えなさい。ただし，同じ語を2度以上使ってはいけません。

（神戸山手女高）

1．I usually go to the pool （　　　） Sundays.

2．A man is walking （　　　） the street.

3．Nagoya is （　　　） Tokyo and Osaka.

4．Kenta should do his work （　　　） your help.

5．Hiroshi is the tallest （　　　） his family.

（語群）　without, on, in, across, between, of

3　次の各組の文がほぼ同じ意味を表すように，（　）に1語ずつ入れなさい。

(1)　He teaches them math.

　　He teaches math （　　　） them.　　　　　　　　　　　　（金光大阪高）

(2)　My uncle bought me a computer.

　　My uncle bought a computer （　　　） me.　　　　　　　（太成学院大高）

(3)　I am Japanese.

　　I came （　　　） Japan.　　　　　　　　　　　　　　　（神戸常盤女高）

(4)　He watched TV and then went to bed.

　　He went to bed （　　　）（　　　） TV.　　　　　　　　（追手門学院高）

(5)　Do you drive to work?

　　Do you go to work （　　　）（　　　）?　　　　　　　　（大阪暁光高）

(6)　This city has two large supermarkets.

　　There （　　　） two large supermarkets （　　　） this city.

(7)　She didn't say anything when she went out of this room.

　　She went out of this room （　　　） saying anything.　　（大阪産業大附高）

(8)　Mary takes a train to come to school.

　　Mary comes to school （　　　）（　　　）.　　　　　　　（好文学園女高）

(9)　She came to Osaka two years ago, and still lives here.

　　She has lived in Osaka （　　　） two years.　　　　　　　（金蘭会高）

(10)　After I washed my hands, I ate lunch with my friends.

　　I washed my hands （　　　）（　　　） lunch with my friends.　（大阪女学院高）

(11)　Ken visited Tofuku-ji temple while he was in Kyoto.

　　Ken visited Tofuku-ji temple （　　　） his （　　　） in Kyoto.　（大谷高）

(12)　Please give me a sheet of paper because I want to take a memo.

　　Please give me something （　　　） write （　　　）.　　（帝塚山高）

(13)　Rin is on the volleyball team.

　　Rin belongs （　　　） the volleyball club.　　　　　　　　（京都女高）

§6. いろいろな疑問文

1　次の文の（　　）に入れるのに最も適当なものを選択肢の中から1つ選び，記号で答えなさい。

(1)　（　　　　）can dance well? — Miyu can.

　　ア　Which　　イ　Whose　　ウ　Who　　　　　　　　　　　　　（梅花高）

(2)　A：　（　　　　）day is it today?

　　B：　It's Sunday.

　　ア　What　　イ　When　　ウ　Why　　　　　　　　　　　（アナン学園高）

(3)　A：　（　　　　）do you like better, coffee or tea?

　　B：　Tea, please.

　　ア　What　　イ　Which　　ウ　How　　エ　Why　　　　　（神戸学院大附高）

(4)　A：　（　　　　）did you think of the movie?

　　B：　I really enjoyed it!

　　ア　How　　イ　What　　ウ　Where　　エ　Why　　　　　　（英真学園高）

(5)　（　　　　）were you late today? — I caught a cold.

　　ア　Why　　イ　Which　　ウ　Who　　エ　What　　　　　　（園田学園高）

(6)　（　　　　）is the weather like today? — It's sunny.

　　ア　When　　イ　How　　ウ　What　　エ　Where　　　　　　　（大谷高）

(7)　（　　　　）are you free? I would like to talk with you.

　　ア　Who　　イ　What　　ウ　Where　　エ　When　　　　　　　（開智高）

(8)　（　　　　）can I get to the museum?

　　ア　What　　イ　Where　　ウ　Which　　エ　How

(9)　（　　　　）high is Abeno Harukas?

　　ア　Which　　イ　How　　ウ　What　　エ　Why　　　　　　（大商学園高）

(10)　（　　　　）sings the best in my class?

　　ア　Who　　イ　Which　　ウ　What　　エ　How　　　　　（大阪薫英女高）

(11)　"（　　　　）sport do you like better, tennis or soccer?" "Tennis."

　　ア　When　　イ　Which　　ウ　How　　エ　Where　　　　　　（東大谷高）

(12)　（　　　　）cap is this? — Oh, it's mine. Thank you.

　　ア　What　　イ　Which　　ウ　Who　　エ　Whose　　　　　　　（天理高）

(13)　A：　（　　　　）are you going to get to Osaka Station?

　　B：　At 10:00 a.m. today.

　　ア　When　　イ　Where　　ウ　How　　エ　What　　　（京都先端科学大附高）

(14)　"（　　　　）did you come to school?" "By bike."

　　ア　How　　イ　What　　ウ　When　　エ　Where　　　　　（京都外大西高）

(15)　（　　　　）shoes are these?

　　ア　Why　　イ　Whom　　ウ　Whose　　エ　Who's　　　　　（平安女学院高）

⒃　(　　　) is the girl over there?

　　ア　Who　　　イ　Where　　　ウ　Whose　　　エ　When　　　　　　　（洛陽総合高）

⒄　It is raining. (　　　) don't you stay home?

　　ア　Which　　　イ　What　　　ウ　Why　　　エ　How　　　　　　　（大阪教大附高平野）

⒅　(　　　) do you play the piano in a week? — Only two days.

　　ア　How often　　イ　How many　　ウ　How much　　　エ　How　　　（大阪学院大高）

⒆　A：　(　　　) is this bridge?

　　B：　It was built three years ago.

　　ア　How long　　　イ　How old　　　ウ　How much　　　エ　How often　　（雲雀丘学園高）

⒇　"(　　　) will you stay in Japan?" — "I will stay there for two weeks."

　　ア　Where　　　イ　How long　　　ウ　How many　　　エ　When　　　（大阪国際高）

(21)　(　　　) have you been to New York?

　　ア　How long　　　イ　What time　　　ウ　When　　　エ　How many times　　（箕面自由学園高）

2　次の(1)～(5)の各文について，(　　　) に入る最も適当な語をア～キの中から1つ選び，その記号で
答えなさい。　　　　　　　　　　　　　　　　　　　　　　　　　　　　　　　　（星翔高）

(1)　(　　　) is that man over there?

　　He is Mr. Suzuki.

(2)　(　　　) language does he speak?

　　He speaks Italian.

(3)　(　　　) does the lesson begin?

　　At 10:00 a.m.

(4)　(　　　) did her aunt live five years ago?

　　In New York.

(5)　(　　　) many people came here?

　　Six people.

　　ア．Who　　　イ．Whose　　　ウ．Why　　　エ．How　　　オ．When　　　カ．Where

　　キ．What

3　次の各文に対する応答として最も適切なものを，ア～クから1つ選び，その符号を書きなさい。

　　　　　　　　　　　　　　　　　　　　　　　　　　　　　　　　　　　（彩星工科高）

①　Who is the woman at the door? (　　　)

②　Where is Mr. Nagashima? (　　　)

③　Which bike do you like best? (　　　)

④　When did Ryo buy shoes at the store? (　　　)

　　ア　His shoes were small.　　イ　She is Ken's mother.　　ウ　That's my bike.

　　エ　He bought them yesterday.　　オ　She lives in Kobe.　　カ　That red one.

　　キ　He is in his room.　　ク　He is her brother.

4　次の疑問文の答えとして最も適切なものを下のア)～オ)から1つずつ選び，記号で答えなさい。
　　ただし，同じ記号を2回以上使わないこと。　　　　　　　　　　　　　　　　　（箕面学園高）

　1）Which do you like better, apple juice or orange juice?（　　　）

　2）Why does the sun rise in the east?（　　　）

　3）How do you use this computer?（　　　）

　4）Who painted the picture?（　　　）

　5）Where did he go?（　　　）

　　ア）It's easy. Just touch here. That's all.

　　イ）Tom did.

　　ウ）I like apple juice better.

　　エ）He went to the school library.

　　オ）Because the earth goes around it from the west to the east.

5　次の各組の文がほぼ同じ意味を表すように，（　　　）に1語ずつ入れなさい。

　(1)　Shall we play this game?

　　　（　　　）don't we play this game?　　　　　　　　　　　　　　　　　　（育英高）

　(2)　When was this station built?

　　　（　　　）（　　　）is this station?　　　　　　　　　　　　　　（大阪信愛学院高）

　(3)　Let's run together.

　　　（　　　）（　　　）running together?　　　　　　　　　　　　　　　　（興國高）

　(4)　What is the price of this bag?

　　　（　　　）（　　　）is this bag?　　　　　　　　　　　　　　　　（近大附和歌山高）

　(5)　Could you tell me your idea about this plan?

　　　（　　　）do you（　　　）of this plan?　　　　　　　　　　　　（関西大学北陽高）

　(6)　What is the spelling of these words?

　　　（　　　）do you（　　　）these words?　　　　　　　　　　　　　　　（明星高）

　(7)　How old is this temple?

　　　（　　　）（　　　）this temple built?　　　　　　　　　　　　　　　（奈良大附高）

6　次の文の下線部が答えの中心となる疑問文に書きかえなさい。

　(1)　My brother drank coffee for breakfast.

　　　（　　　　　　　　　　　　　　　　　　　　　　　　　　　　　　　　　　　）

　(2)　This is her book.　　　　　　　　　　　　　　　　　　　　　　　　　（華頂女高）

　　　（　　　　　　　　　　　　　　　　　　　　　　　　　　　　　　　　　　　）

　(3)　Akira lived in Nagoya five years ago.　　　　　　　　　　　　　　　（市川高）

　　　（　　　　　　　　　　　　　　　　　　　　　　　　　　　　　　　　　　　）

(4)　We are going to the beach <u>on foot</u>.

　　（　　　　　　　　　　　　　　　　　　　　　　　　　　　）

(5)　Tomoki visited <u>his uncle's</u> house during the winter vacation.　　　（追手門学院高）

　　（　　　　　　　　　　　　　　　　　　　　　　　　　　　）

(6)　She played tennis at the park <u>yesterday</u>.

　　（　　　　　　　　　　　　　　　　　　　　　　　　　　　）

(7)　It takes <u>about 20 minutes</u> to get to the station.　　　（大阪商大堺高）

　　（　　　　　　　　　　　　　　　　　　　　　　　　　　　）

(8)　These pencils are <u>Lisa's</u>.　　　（近大附和歌山高）

　　（　　　　　　　　　　　　　　　　　　　　　　　　　　　）

(9)　Mr. Smith has lived in Osaka <u>for ten years</u>.　　　（大阪体育大学浪商高）

　　（　　　　　　　　　　　　　　　　　　　　　　　　　　　）

§7．接 続 詞

1　次の文の（　　）に入れるのに最も適当なものを選択肢の中から１つ選び，記号で答えなさい。

(1)　I couldn't believe the story, (　　　) it was true.

　　ア　and　　イ　but　　ウ　because　　エ　so　　　（大阪暁光高）

(2)　Hikaru was listening to music (　　　) I visited her.

　　ア　and　　イ　but　　ウ　that　　エ　when　　　（大商学園高）

(3)　I couldn't finish my homework (　　　) I was sick last night.

　　ア　or　　イ　because　　ウ　so　　エ　but　　　（箕面学園高）

(4)　She gave me a phone call (　　　) I was taking a shower.

　　ア　while　　イ　if　　ウ　since　　エ　but　　　（神戸星城高）

(5)　Will you wait for me in the office (　　　) I come back?

　　ア　until　　イ　while　　ウ　when　　エ　that　　　（三田学園高）

(6)　Paul can speak both English (　　　) Spanish.

　　ア　but　　イ　so　　ウ　or　　エ　and　　　（滋賀短期大学附高）

(7)　We could not play baseball yesterday (　　　) it was raining.

　　ア　or　　イ　because　　ウ　if　　エ　but　　　（芦屋学園高）

(8)　Wash your hands (　　　) you eat a meal.

　　ア　or　　イ　before　　ウ　while　　エ　though　　　（大谷高）

(9)　We will stay at home (　　　) it rains tomorrow.

　　ア　or　　イ　if　　ウ　so　　エ　before　　　（大阪産業大附高）

(10)　They have been good friends (　　　) they were young.

　　ア　when　　イ　that　　ウ　since　　エ　as　　　（大阪信愛学院高）

(11)　Please come and see me (　　　) I'm in Japan.

　　ア　for　　イ　that　　ウ　until　　エ　while　　　　　　　　　　（興國高）

(12)　(　　　) you need money, I can lend you some.

　　ア　After　　イ　Though　　ウ　If　　エ　So　　　　　　　　（金光藤蔭高）

(13)　Don't come too close to the animal, (　　　) it will bark at you.

　　ア　or　　イ　though　　ウ　and　　エ　when　　　　　　　（大阪国際高）

(14)　I studied hard (　　　) I was able to pass the exam.

　　ア　and　　イ　but　　ウ　because　　エ　though

(15)　(　　　) he was only seven years old, he was the fastest runner in his school.

　　ア　Because　　イ　But　　ウ　So　　エ　Though　　　　　　（開智高）

(16)　It began to rain, (　　　) we stopped going for a walk.

　　ア　but　　イ　if　　ウ　because　　エ　so

(17)　Either you (　　　) he has to take care of the dog.

　　ア　that　　イ　and　　ウ　or　　エ　but　　　　　　　（常翔啓光学園高）

(18)　Exercising is not only a lot of fun (　　　) also healthy.

　　ア　and　　イ　but　　ウ　then　　エ　so　　　　　　　（雲雀丘学園高）

2　次の各組の文がほぼ同じ意味を表すように，(　　　) に 1 語ずつ入れなさい。

(1)　I got up very late this morning, so I was late for school.

　　I was late for school this morning (　　　) I got up very late.　　（好文学園女高）

(2)　Kanako likes reading books. Jun also likes it.

　　(　　　) Kanako (　　　) Jun (　　　) reading books.　　（近畿大泉州高）

(3)　I can't finish this work without your help.

　　(　　　) you (　　　) help me, I can't finish this work.　　（神戸星城高）

(4)　Study hard, and you can pass the test.

　　(　　　) you study hard, you can pass the test.　　（金光大阪高）

(5)　I learned to play the piano at the age of ten.

　　I learned to play the piano (　　　) I (　　　) ten years old.　　（賢明学院高）

(6)　This coffee is too hot for me to drink.

　　This coffee is (　　　) hot (　　　) I can't drink it.　　（神戸常盤女高）

(7)　It rained yesterday so she stayed home.

　　She stayed home yesterday (　　　) it rained.　　（大商学園高）

(8)　Jane helps George when he can't do his math homework. George helps Jane when she can't do her English homework.

　　(　　　) their homework is too difficult, Jane and George help (　　　) (　　　).

　　　　　　　　　　　　　　　　　　　　　　　　　　　　　　（大阪女学院高）

§8. 不定詞・動名詞

1 次の文の（　　）に入れるのに最も適当なものを選択肢の中から1つ選び，記号で答えなさい。

(1)　John finished （　　　） his room at five.

　　ア　clean　　イ　to clean　　ウ　cleaning　　エ　to cleaning　　　　　　（京都精華学園高）

(2)　My brother hopes （　　　） a baseball player.

　　ア　being　　イ　is being　　ウ　to be　　エ　to being　　　　　　　　　（大阪青凌高）

(3)　She needs someone （　　　） her.

　　ア　help　　イ　helped　　ウ　helping　　エ　to help　　　　　　　　　　（大阪暁光高）

(4)　He enjoyed （　　　） the baseball game yesterday.

　　ア　watch　　イ　watched　　ウ　watching　　エ　watches　　　　　　　　（洛陽総合高）

(5)　I like （　　　） movies with my wife.

　　ア　to watching　　イ　watched　　ウ　watch　　エ　watching　　　　　（大阪学院大高）

(6)　I'm going to Nagai Stadium （　　　） the soccer game with my friends this evening.

　　ア　watching　　イ　to watch　　ウ　to watching　　エ　to be watched

　　　　　　　　　　　　　　　　　　　　　　　　　　　　　　　　　　（大阪夕陽丘学園高）

(7)　（　　　） abroad is interesting to me.

　　ア　Travel　　イ　Traveled　　ウ　Traveling　　エ　To traveling　　　（大阪産業大附高）

(8)　Cathy went to New York （　　　） her friend.

　　ア　meet　　イ　met　　ウ　to meet　　エ　meeting　　　　　　　　　　　（近大附高）

(9)　I want （　　　） with her.

　　ア　talks　　イ　to talk　　ウ　talking　　エ　am talking　　　　　　　　（興國高）

(10)　Brush your teeth before （　　　） to bed.

　　ア　go　　イ　going　　ウ　gone　　エ　to go　　　　　　　　　（関西福祉科学大学高）

(11)　The koala has a place （　　　）.

　　ア　live　　イ　to live in　　ウ　to live　　エ　in live to　　　　　　　　（賢明学院高）

(12)　"Let's go （　　　） this weekend." "O.K."

　　ア　to fish　　イ　fish　　ウ　fished　　エ　fishing　　　　　　　　　　　（東大谷高）

(13)　We were all surprised because she left the room without （　　　） anything.

　　ア　say　　イ　said　　ウ　to say　　エ　saying　　　　　　　　　　　（大阪薫英女高）

(14)　He decided （　　　） up early in the morning.

　　ア　get　　イ　to get　　ウ　got　　エ　getting　　　　　　　　　　　　　（昇陽高）

(15)　I stopped （　　　） music because a friend of mine came to me.

　　ア　to listen to　　イ　to hear　　ウ　listening to　　エ　hearing　　　（大阪国際高）

(16)　Are you interested in （　　　） in this soccer team?

　　ア　play　　イ　to play　　ウ　are playing　　エ　playing　　　　　　　　（浪速高）

(17) I am looking forward (　　　) with you.

　ア　in talking　　イ　to talking　　ウ　on talking　　エ　at talking　　　　　（京都文教高）

(18) She wants to go (　　　) buy her bag.

　ア　to shop　　イ　shop to　　ウ　to shopping　　エ　shopping to

(19) Naomi was happy (　　　) a letter from her old friend.

　ア　to receive　　イ　received　　ウ　with receive　　エ　receives　　　　　（大商学園高）

(20) A ：　Your English speech was wonderful. How did you become so good?

　　 B ：　I don't know, but I'm fond of (　　　) English books. Maybe that's why?

　ア　read　　イ　reads　　ウ　reading　　エ　to read　　　　　（龍谷大付平安高）

(21) She is good at (　　　) tennis.

　ア　playing　　イ　to play　　ウ　plays　　エ　play　　　　　（大阪偕星学園高）

(22) Thank you for (　　　) me to this party.

　ア　invite　　イ　inviting　　ウ　invited　　エ　to invite　　　　　（箕面学園高）

(23) Don't be afraid of (　　　) mistakes.

　ア　make　　イ　making　　ウ　to make　　エ　made　　　　　（桃山学院高）

(24) Ken stopped (　　　) the guide sign on his way to the station because he didn't know the way there.

　ア　to see　　イ　seeing　　ウ　for see　　エ　at seeing　　　　　（智辯学園和歌山高）

(25) Many people give up (　　　) abroad because of the Coronavirus.

　ア　go　　イ　to go　　ウ　going　　エ　will go

(26) It's very cold today. Could you give me (　　　)?

　ア　to drink something hot　　イ　hot something to drink　　ウ　something hot to drink

　エ　to drink hot something　　　　　（神戸学院大附高）

(27) I don't have enough time (　　　) breakfast.

　ア　eat　　イ　eating　　ウ　to eat　　エ　for eating　　　　　（大阪信愛学院高）

(28) I will never forget (　　　) many countries when I was at university.

　ア　visiting　　イ　visited　　ウ　to visit　　エ　visit　　　　　（立命館高）

(29) Don't forget (　　　) the windows before it starts raining.

　ア　close　　イ　closing　　ウ　that you closed　　エ　to close　　　　　（ノートルダム女学院高）

2　次の各文の（　　　）内の語を適当な形に直しなさい。

(1) Ken enjoyed (sing) songs with his father. (　　　　　)　　　　　（香ヶ丘リベルテ高）

(2) He is interested in (make) model planes. (　　　　　)　　　　　（関西福祉科学大学高）

(3) I want (send) this letter tomorrow. (　　　　　)　　　　　（金蘭会高）

(4) I can't see the picture without (remember) my mother. (　　　　　)　　　　　（橿原学院高）

(5) Thank you for (help) me. (　　　　　)　　　　　（京都明徳高）

(6) It stopped (rain) last night. (　　　　　)　　　　　（金光大阪高）

3 次の各組の文がほぼ同じ意味を表すように，（　　）に1語ずつ入れなさい。

(1)　I like to watch TV in the evening.

　　I like （　　　　） TV in the evening.　　　　　　　　　　（太成学院大高）

(2)　Playing the guitar is very difficult.

　　（　　　　） （　　　　） the guitar is very difficult.　　　　（浪速高）

(3)　Tom speaks English. It is easy for him.

　　（　　　　） English is easy for Tom.

(4)　Ken ate dinner after he did his homework.

　　Ken did his homework （　　　　） （　　　　） dinner.　　（履正社高）

(5)　I must do a lot of homework today.

　　I have a lot of homework （　　　　） do today.

(6)　She doesn't have any books now.

　　She doesn't have anything to （　　　　） now.

(7)　He left home after he had lunch.

　　He left home after （　　　　） lunch.　　　　　　　　　　（京都明徳高）

(8)　Let's play soccer in the park.

　　How （　　　　） （　　　　） soccer in the park?　　　　（関西大学北陽高）

(9)　She went to the library and borrowed some books yesterday.

　　She went to the library （　　　　） borrow some books yesterday.　　（追手門学院高）

(10)　Koji bought nothing and left the store.

　　Koji left the store （　　　　） （　　　　） anything.　　（大阪体育大学浪商高）

(11)　He wants to play soccer with someone.

　　He needs someone （　　　　） （　　　　） soccer （　　　　）.　　（近畿大泉州高）

(12)　Kate will be glad when she knows the news.

　　Kate will be glad （　　　　） （　　　　） the news.　　　　（好文学園女高）

(13)　I am very happy because I have such a good friend.

　　I am very happy （　　　　） （　　　　） such a good friend.　　（東大谷高）

(14)　He is a good cook.

　　He is good at （　　　　）.　　　　　　　　　　　　　　　　（彩星工科高）

(15)　We don't have any food in the refrigerator now.

　　There is （　　　　） （　　　　） eat in the refrigerator now.　　（近大附和歌山高）

(16)　Alex didn't eat breakfast this morning and he left home.

　　Alex left home （　　　　） （　　　　） breakfast this morning.　　（天理高）

(17)　He is so tired that he cannot walk.

　　He is （　　　　） tired （　　　　） walk.　　　　　　　　（上宮太子高）

(18)　Bob is so tall that he can touch the ceiling.

　　Bob is tall （　　　　） （　　　　） touch the ceiling.　　　　（立命館高）

§9. 受動態・現在完了

1 次の文の（　　）に入れるのに最も適当なものを選択肢の中から1つ選び，記号で答えなさい。

(1) I have （　　） him for many years.

　ア　know　　イ　knew　　ウ　known　　　　　　　　　　　　　　（星翔高）

(2) A： "Where is Tim?"

　B： "He's （　　） to the park."

　ア　went　　イ　gone　　ウ　been　　　　　　　　　　　（光泉カトリック高）

(3) That window wasn't （　　） by Hiroshi.

　ア　break　　イ　broke　　ウ　broken　　エ　breaks　　　（大阪夕陽丘学園高）

(4) I have already （　　） breakfast.

　ア　have　　イ　had　　ウ　having　　エ　has　　　　　　　　　（大阪高）

(5) Have you ever （　　） the movie?

　ア　saw　　イ　sees　　ウ　seen　　エ　to see

(6) English and French （　　） in Canada.

　ア　use　　イ　using　　ウ　is used　　エ　are used　　　　　（彩星工科高）

(7) What language is （　　） in France?

　ア　speak　　イ　speaking　　ウ　spoke　　エ　spoken　　　　　（大谷高）

(8) This temple was （　　） about 700 years ago.

　ア　build　　イ　built　　ウ　to build　　エ　building　　　（京都成章高）

(9) Susan （　　） used her computer for two years.

　ア　is　　イ　was　　ウ　have　　エ　has　　　　　　　　　（滝川第二高）

(10) I like the singer. Her name is （　　） all over the world.

　ア　know　　イ　knew　　ウ　known　　エ　knowing　　　　（神戸龍谷高）

(11) My friend, Jane （　　） in Taiwan since she was five years old.

　ア　has lived　　イ　lived　　ウ　lives　　エ　will live　　　（大阪青凌高）

(12) （　　） Bob invited to the party yesterday?

　ア　Did　　イ　Is　　ウ　Has　　エ　Was　　　　　　　　（大阪産業大附高）

(13) （　　） Lisa sent the report to Mr. Timson? He wants it now!

　ア　Does　　イ　Did　　ウ　Has　　エ　Was　　　　　　　　（三田学園高）

(14) Hitomi has just （　　） to the party.

　ア　come　　イ　comes　　ウ　coming　　エ　came　　　（大阪体育大学浪商高）

(15) My sister （　　） sick since yesterday.

　ア　are　　イ　has been　　ウ　is　　エ　was

(16) This book （　　） in English.

　ア　is writing　　イ　is written　　ウ　writes　　エ　wrote　　　（英真学園高）

3. 文　　法－ 43

(17) My brother (　　　) Tokyo three times.

　　ア　have gone to　　イ　has been to　　ウ　went　　エ　goes to　　　（大阪学院大高）

(18) (　　　) the chairs carried to the music room?

　　ア　Did　　イ　Was　　ウ　Have　　エ　Were　　　　　　　　　　（智辯学園和歌山高）

(19) A blue car is (　　　) in front of the building.

　　ア　parks　　イ　parked　　ウ　park　　エ　to park　　　　　　　（奈良大附高）

(20) Emi (　　　) in New York for ten years and she can speak English very well.

　　ア　has lived　　イ　will live　　ウ　have lived　　エ　lives　　　（箕面学園高）

(21) The Mona Lisa (　　　) by Leonardo da Vinci.

　　ア　painted　　イ　was painted　　ウ　has painted　　エ　was painting　　（近江兄弟社高）

(22) A：　Is everybody here? It's already 3 p.m.

　　B：　No, Lisa (　　　) yet.

　　ア　has come　　イ　came　　ウ　hasn't come　　エ　didn't come　　（龍谷大付平安高）

(23) When was the letter (　　　) to Elizabeth?

　　ア　send　　イ　sending　　ウ　to send　　エ　sent　　　　　　　（立命館高）

(24) My father went to Canada last year. These pictures (　　　).

　　ア　took there　　イ　took in there　　ウ　were taken there　　エ　were taken in there

(25) A：　Would you like to go for lunch with us?

　　B：　Thank you for inviting me, but I (　　　).

　　ア　haven't had lunch yet　　イ　haven't have lunch yet　　ウ　have already have lunch

　　エ　have already had lunch　　　　　　　　　　　　　　　　　（箕面自由学園高）

(26) Richard (　　　) at the news when he got back from school.

　　ア　was surprising　　イ　is surprised　　ウ　was surprised　　エ　surprises（立命館宇治高）

(27) A：　Where is Wendy? I haven't seen her yet.

　　B：　She has (　　　) in bed since this morning.

　　ア　laid　　イ　lain　　ウ　lay　　エ　lie　　　　　　　　　　　（関西創価高）

(28) The stars can (　　　) at night.

　　ア　see　　イ　are saw　　ウ　be seen　　エ　have saw　　　　　　（金光大阪高）

(29) I have never (　　　) abroad till now.

　　ア　been　　イ　been to　　ウ　gone to　　エ　going　　　　　　　（東山高）

(30) My cat was (　　　) a next-door neighbor while I was out.

　　ア　taken care　　イ　taken care of　　ウ　taken care by　　エ　taken care of by

　　　　　　　　　　　　　　　　　　　　　　　　　　　　　　　（賢明学院高）

(31) It has been snowing since last night. The roofs of the houses (　　　) snow.

　　ア　have covered with　　イ　are covered with　　ウ　are covered by

　　エ　was covered with　　　　　　　　　　　　　　　　　　（ノートルダム女学院高）

2 次の各組の文がほぼ同じ意味を表すように，（　　）に1語ずつ入れなさい。

(1) Many people sang this song.

This song was （　　） by many people.　　　　　　　　　　　（大阪商大高）

(2) He came to Japan ten years ago. He is still in Japan.

He （　　）（　　） in Japan for ten years.　　　　　　　　（大阪産業大附高）

(3) Natsume Soseki wrote the book.

The book （　　）（　　） by Natsume Soseki.　　　　　　　（大阪商大堺高）

(4) I lost my watch and I still can't find it.

I （　　） lost my watch.　　　　　　　　　　　　　　　　　（神戸常盤女高）

(5) They speak English in Australia.

English （　　）（　　） in Australia.　　　　　　　　　　　（金光藤蔭高）

(6) It was snowy yesterday and it's still snowing now.

It （　　）（　　） snowy since yesterday.　　　　　　　　　（関西大学北陽高）

(7) I first visited my uncle in San Francisco last year. I went there again last month.

I have （　　） to San Francisco （　　）.　　　　　　　　（浪速高）

(8) This building is two hundred years old.

This building （　　）（　　） two hundred years ago.

(9) He went to China, so he isn't here now.

He （　　）（　　） to China.　　　　　　　　　　　　　　　（大谷高）

(10) Risa moved to this town two years ago, and she still lives here.

Risa （　　）（　　） in this town for two years.

(11) I met you first ten years ago.

Ten years （　　）（　　） since I met you first.　　　　　　（報徳学園高）

(12) Her birthday is September 20.

She （　　）（　　） on September 20.　　　　　　　　　　　（近大附高）

(13) This is my first visit to Sydney.

I （　　） never （　　） Sydney before.　　　　　　　　　　（奈良大附高）

(14) Jessy painted these two pictures.

These two pictures （　　）（　　） by Jessy.

(15) Ken started studying English two years ago. Now he is nine and still learns it.

Ken （　　）（　　） English （　　） he （　　）（　　） years old.　（近畿大泉州高）

(16) Mr. Tanimoto wrote his students this letter.

This letter （　　）（　　）（　　） his students by Mr. Tanimoto.

(17) I'm going to visit Nagoya. This is my first visit to Nagoya.

I （　　）（　　）（　　） to Nagoya.　　　　　　　　　　（アサンプション国際高）

(18) What language do they speak in Canada?

What language （　　）（　　） in Canada?　　　　　　　　　（上宮高）

⑲　I didn't do my homework yesterday. I have to do it today.

I haven't (　　　) my homework (　　　). I have to do it today.　　　　　　　　（開明高）

⑳　It is ten years since my sister lived here.

My sister (　　　) (　　　) here for ten years.　　　　　　　　　（上宮太子高）

㉑　Everyone read the book.

The book (　　　) (　　　) by everyone.　　　　　　　　　（東大谷高）

㉒　Were you helped by the dog?

(　　　) the dog (　　　) you?　　　　　　　　　（プール学院高）

㉓　My grandfather died three years ago.

My grandfather has (　　　) (　　　) for three years.　　　　　　　　（姫路女学院高）

㉔　We make grapes into wine.

Wine is (　　　) (　　　) grapes.　　　　　　　　　（賢明学院高）

㉕　I was spoken to by a foreigner in the park.

A foreigner (　　　) (　　　) (　　　) in the park.　　　　　　　　（育英高）

㉖　My students have no experience of eating Durians.

My students (　　　) (　　　) (　　　) Durians.　　　　　　　　　（大阪緑涼高）

㉗　The noise surprised him.

He (　　　) (　　　) (　　　) the noise.　　　　　　　　　（関大第一高）

㉘　Thirty years have passed since we saw him.

We (　　　) (　　　) him for thirty years.　　　　　　　　　（京都女高）

§10. 誤文訂正

[1]　次の英文の(ア)～(エ)から文法的な誤りがあるものを１つ選び，記号で答えなさい。（関西大学北陽高）

1 (　　　)　2 (　　　)　3 (　　　)　4 (　　　)　5 (　　　)

1．(ア)What kind of movie are you (イ)exciting to (ウ)see (エ)at the movie theater?

2．When I came (ア)back home, I felt thirsty and (イ)had (ウ)cold something (エ)to drink in the fridge.

3．My father usually (ア)get up at six (イ)in the morning, but he could not get up (ウ)at that time because he had (エ)a high fever.

4．If we give these photos (ア)for Sara at the airport, (イ)she'll remember us after (ウ)she goes back (エ)to Australia.

5．(ア)On my first day at school, I made (イ)friends (ウ)with Sayaka and we helped (エ)with each other.

2 次の各英文について，文法的または語法的な誤りを含む下線部を(ア)～(エ)の中からそれぞれ1つ選び，記号で答えなさい。　　　　　　　　　　　　　　　　　　　　　　　　　　　　（大阪緑涼高）

(1)(　　　)　(2)(　　　)　(3)(　　　)　(4)(　　　)　(5)(　　　)　(6)(　　　)

(1)　The teacher <u>said</u> that <u>the</u> sun <u>was</u> <u>larger</u> than the earth.
　　　　　　　 (ア)　　　　 (イ)　　　 (ウ)　　 (エ)

(2)　I <u>am</u> so thirsty. I <u>want</u> something cold <u>for</u> <u>drink</u> now.
　　　 (ア)　　　　　　　 (イ)　　　　　　　 (ウ)　 (エ)

(3)　The new <u>computer</u> <u>will</u> be <u>using</u> <u>by</u> my students.
　　　　　　 (ア)　　　 (イ)　　　 (ウ)　 (エ)

(4)　I <u>enjoyed</u> <u>to play</u> tennis <u>with</u> my friends <u>this</u> Sunday.
　　 (ア)　　 (イ)　　　　 (ウ)　　　　　 (エ)

(5)　My uncle <u>stays</u> <u>at</u> a hotel <u>near</u> my house since the day <u>before</u> yesterday.
　　　　　　 (ア)　 (イ)　　　 (ウ)　　　　　　　　　 (エ)

(6)　<u>Which</u> do you like <u>best</u>, <u>reading</u> books or <u>watching</u> movies?
　　 (ア)　　　　　 (イ)　 (ウ)　　　　　 (エ)

3 次のア～エの英文の誤っている部分を1～4の中から選び，その番号で答えなさい。また，それぞれの誤りを正しい英語に直しなさい。　　　　　　　　　　　　　　　　　　　　　　（神戸星城高）

ア(　)(　　　)　イ(　)(　　　)　ウ(　)(　　　)　エ(　)(　　　)

ア．He is ₁<u>taller</u> than ₂<u>any</u> other ₃<u>boys</u> ₄<u>in</u> his class.

イ．₁<u>It</u> ₂<u>stopped</u> ₃<u>to rain</u> ₄<u>at that time</u>.

ウ．Last week, she ₁<u>told</u> her son that she ₂<u>will</u> ₃<u>buy</u> that bike ₄<u>for</u> him.

エ．₁<u>When</u> John was ₂<u>a</u> high school student, he ₃<u>played</u> baseball very ₄<u>good</u>.

4 次の下線部について文法的に間違っている箇所を1つ選び，記号で答え，さらに正しい形にしなさい。1 (　)(　　　) 2 (　)(　　　) 3 (　)(　　　)　　　　　　　（姫路女学院高）

1　He ア<u>goes</u> イ<u>to</u> bed ウ<u>early</u> last night.

2　February ア<u>is</u> イ<u>the most cold</u> ウ<u>in</u> Japan.

3　These books ア<u>are</u> イ<u>wrote</u> ウ<u>in</u> English.

5 次の(1)～(4)の英文の下線部には誤りの箇所がそれぞれ1つずつあります。その箇所を(ア)～(エ)の記号で選び，訂正して答えなさい。　　　　　　　　　　　　　　　　　　　　　　（金光八尾高）

(1)(　)(　　　)　(2)(　)(　　　)　(3)(　)(　　　)　(4)(　)(　　　)

(1)　"Hello. (ア)<u>This</u> is Meg. (イ)<u>May I</u> (ウ)<u>speak to</u> Bob?'
　　　"Sorry. He (エ)<u>takes</u> a bath."

(2)　I (ア)<u>live</u> in Osaka, but (イ)<u>I've</u> (ウ)<u>never</u> (エ)<u>gone</u> to USJ.

(3)　Is your son (ア)<u>enough old</u> (イ)<u>to stay home</u> (ウ)<u>all day</u> (エ)<u>by himself</u>?

(4)　If you want (ア)<u>to join</u> us, please (イ)<u>send us</u> (ウ)<u>an email</u> (エ)<u>until</u> next Wednesday.

6　次の英文の下線部には，それぞれ1ヶ所の間違いがあります。解答例にしたがって訂正しなさい。

（同志社国際高）

（例）　The other day I <u>give</u> <u>my</u> seat to <u>an</u> old man <u>in</u> the train.　　解答例　| give → gave |

問1　<u>Many</u> foreign <u>tourists</u> think <u>almost</u> Japanese <u>can</u> speak English well. (　　→　　)

問2　I'm <u>sure</u> that <u>you</u> can get that book <u>easy</u> at <u>any</u> <u>bookstore</u>. (　　→　　)

問3　<u>When</u> I <u>visited</u> the hospital a <u>few</u> <u>weeks</u> ago, I <u>have seen</u> him in the waiting room.

(　　→　　)

問4　Many high school <u>students</u> think <u>they</u> should have <u>one's</u> <u>own</u> <u>smartphone</u>.

(　　→　　)

問5　There is <u>the</u> picture <u>on</u> the wall <u>of</u> my <u>brothers'</u> room. (　　→　　)

7　次の1〜5の英文の下線部ア〜エには間違いが一つずつあります。その部分を記号で答え，正しく書き直しなさい。

（立命館守山高）

1　I <u>have received</u> a letter <u>from</u> Kenji <u>a few</u> <u>weeks</u> ago. (　　→　　)
　　　　ア　　　　　　　イ　　　　　ウ　　　エ

2　<u>Do you think</u> Tokyo is <u>one of</u> <u>the most famous</u> <u>city</u> in Japan? (　　→　　)
　　ア　　　　　　　　　イ　　　　ウ　　　　　エ

3　<u>Many of</u> <u>us</u> were <u>exciting</u> to <u>hear</u> the news. (　　→　　)
　　ア　　　イ　　　　ウ　　　エ

4　<u>Is</u> your mother <u>playing</u> <u>the</u> piano while you were <u>sleeping</u>? (　　→　　)
　　ア　　　　　　イ　　ウ　　　　　　　　　　　エ

5　<u>Junko's</u> racket is <u>more expensive</u> <u>than</u> <u>Asami</u>. (　　→　　)
　　ア　　　　　　　　イ　　　　　ウ　　エ

8　次の1〜12の英文の中から，文法的に誤りのないものを5つ選んで，番号で答えなさい。

(　　)(　　)(　　)(　　)(　　) （上宮高）

1．I went shopping at a supermarket today.

2．If you practice hard, you will can play soccer better.

3．I want to make friends with a lot of students.

4．Kenta is good at play the guitar.

5．What about to eat lunch at the new restaurant?

6．Please kind to everyone around you.

7．Did you enjoy visiting to a lot of places in Kyoto?

8．When you arrive at the station, please call me.

9．I want something cold to drink now.

10．These questions are too difficult to answer them.

11．Kazumi and David often talk each other.

12．I'm looking forward to the next baseball game.

4 英 作 文

§１．和文英訳

1　次の日本文の意味を表すように，（　　　）に適当な単語を書きなさい。

(1)　健太は毎朝６時に起きます。

Kenta（　　　）up at six every morning.

(2)　私はバスでここに来ました。

I came here（　　　）bus.　　　　　　　　　　　　　　　　（兵庫大附須磨ノ浦高）

(3)　これらは誰のノートですか。

Whose noteboooks（　　　）（　　　）?

(4)　私の祖父はスマートフォンを使うことができます。

My grandfather（　　　）（　　　）（　　　）use his smartphone.　　　（神戸山手女高）

(5)　私の祖母はロシア語をとても上手に話します。

My grandmother（　　　）Russian very well.

(6)　彼女は彼と３年前から知り合いです。

She（　　　）（　　　）him for three years.　　　　　　　　　（大阪電気通信大高）

(7)　私は来週映画を観に行く予定です。

I（　　　）（　　　）（　　　）see a movie next week.

(8)　どちらの帽子が好きですか。

（　　　）（　　　）（　　　）you like?　　　　　　　　　　　　（近畿大泉州高）

(9)　あなたのペンを使っていいですか。

May（　　　）use（　　　）pen?

(10)　壁に１枚の美しい絵があります。

There（　　　）a beautiful picture（　　　）the wall.　　　　　（京都廣学館高）

(11)　私は将来先生になりたいと思っています。

I want to（　　　）a teacher in the（　　　）.

(12)　私はあなたほど速く走れません。

I can't run（　　　）（　　　）as you.　　　　　　　　　　　　　（華頂女高）

(13)　彼女はそのとき，テニスをしていました。

She was（　　　）tennis then.

(14)　彼はアメリカで最も有名な歌手です。

He is the（　　　）famous singer in America.　　　　　　　　　　　（綾羽高）

(15)　昨年，あなたに英語を教えていたのは誰ですか。

（　　　）（　　　）English to you last year?　　　　　　　　　（大阪学院大高）

(16) 怖がらないで。

(　　　)(　　　) afraid.

(17) あなたといっしょに働くのが楽しみです。

I'm looking forward (　　　)(　　　) together with you.　　　　　（京都成章高）

(18) それぞれの生徒が自分のコンピュータを持っています。

(　　　) of the students (　　　) his or her own computer.

(19) 映画を観に行きませんか。

(　　　)(　　　) going to see the movie?　　　　　（開明高）

(20) 放課後にスポーツをする生徒もいれば，教室で勉強する生徒もいる。

(　　　) students play sports after school, and (　　　) study in their classrooms.

(21) この車は日本で作られた。

This car (　　　)(　　　) in Japan.　　　　　（浪速高）

(22) 京都にはどのくらい滞在するつもりですか？

How (　　　) are you going to stay in Kyoto?

(23) 私は柔道クラブに所属しています。

I (　　　) to the Judo club.　　　　　（京都外大西高）

(24) この本を読んだことがありません。

I (　　　)(　　　)(　　　) this book.

(25) 僕は父を手伝うため家にいなければなりません。

I (　　　)(　　　) stay home (　　　)(　　　) my father.　　　　　（初芝橋本高）

(26) 暗くならないうちに家に帰ってきなさいね。

Come home (　　　) it gets dark.

(27) トムの方がボブよりも日本語は上手だ。

Tom can speak Japanese (　　　) than Bob.　　　　　（花園高）

(28) 彼女は私に「それは私のカバンよ。」と言いました。

She said to me, "The bag (　　　)(　　　)."

(29) 体に気をつけてください。

Take (　　　)(　　　) yourself.　　　　　（早稲田摂陵高）

(30) ここで走ってはいけません。

You (　　　) run here.

(31) 彼女は私の方を見ずに通り過ぎた。

She walked past (　　　)(　　　) me.　　　　　（京都女高）

(32) 私はその博物館へ2回行ったことがあります。

I have (　　　) to the (　　　) twice.

(33) 英語はすべての中で一番大切な教科だと思います。

I think English is the most important (　　　)(　　　) all.　　　　　（清風高）

2 次の(1)〜(12)の日本語の文の内容と合うように，英文中の（　）内のア〜ウからそれぞれ最も適しているものを一つずつ選び，記号を○で囲みなさい。　　　　　　　　　　　　　（大阪府）

(1) 私は毎朝，新聞を読みます。（ ア　イ　ウ ）

　I（ア　make　　イ　read　　ウ　show）the newspaper every morning.

(2) 私の祖父はこの古い時計が好きです。（ ア　イ　ウ ）

　My grandfather likes this（ア　new　　イ　old　　ウ　small）clock.

(3) 私の夢は医者になることです。（ ア　イ　ウ ）

　My dream is to be a（ア　doctor　　イ　scientist　　ウ　singer）.

(4) そのカップをテーブルの上に置いてください。（ ア　イ　ウ ）

　Please put the cup（ア　by　　イ　in　　ウ　on）the table.

(5) おいしいりんごを送ってくれてありがとうございます。（ ア　イ　ウ ）

　Thank you for sending（ア　delicious　　イ　expensive　　ウ　heavy）apples.

(6) これはあなたの辞書ですか。（ ア　イ　ウ ）

　Is this（ア　you　　イ　your　　ウ　yours）dictionary?

(7) 私はロンドンの私の友達に手紙を書きました。（ ア　イ　ウ ）

　I（ア　write　　イ　wrote　　ウ　written）a letter to my friend in London.

(8) 彼女の兄はギターを弾くことができます。（ ア　イ　ウ ）

　Her brother can（ア　play　　イ　plays　　ウ　playing）the guitar.

(9) あなたはいつここに着きましたか。（ ア　イ　ウ ）

　（ア　How　　イ　When　　ウ　Which）did you arrive here?

(10) 私はひまな時間に絵を描くことを楽しみます。（ ア　イ　ウ ）

　I enjoy（ア　draw　　イ　drawing　　ウ　to draw）pictures in my free time.

(11) 私のお気に入りのおもちゃがその犬に壊されました。（ ア　イ　ウ ）

　My favorite toy was（ア　break　　イ　broke　　ウ　broken）by the dog.

(12) 私はもう宿題を終えました。（ ア　イ　ウ ）

　I have already（ア　finish　　イ　finishing　　ウ　finished）my homework.

3 与えられた日本語に合う英文となるように空欄 (a) ，(b) に入る適切なものを，次のア〜エから1つ選んで，その符号を書きなさい。　　　　　　　　　　（三田松聖高）

(1) 私はお寺巡りをするつもりだ。

　I (a) visit some (b) .

　ア　(a) am going to　(b) temple　　イ　(a) do　(b) temple

　ウ　(a) will　(b) temples　　エ　(a) want　(b) temples

(2) 彼女とは10年来の知り合いだ。

　I (a) her (b) ten years.

　ア　(a) have known　(b) for　　イ　(a) have known　(b) since

　ウ　(a) know　(b) in　　エ　(a) am knowing　(b) since for

(3) 彼はとても疲れていて，私を手伝うことができないように見えた。

He ［(a)＿＿＿＿］ tired ［(b)＿＿＿＿］ help me.

ア　(a) looked to　　(b) too　　イ　(a) looked too　　(b) to

ウ　(a) saw too　　(b) to　　エ　(a) saw to　　(b) not able to

(4) 彼らはそのニュースに驚いた。

They were ［(a)＿＿＿＿］ ［(b)＿＿＿＿＿＿］ the news.

ア　(a) surprising　　(b) for　　イ　(a) surprised　　(b) to hearing

ウ　(a) surprised　　(b) at　　エ　(a) surprising　　(b) hearing

(5) 弟は私より背が高い。

My brother is ［(a)＿＿＿＿＿］ ［(b)＿＿＿＿＿＿］ I.

ア　(a) tall　　(b) than　　イ　(a) taller　　(b) than

ウ　(a) tallest　　(b) as　　エ　(a) tall　　(b) as

(6) 彼はたいてい 6 時に起きる。

He ［(a)＿＿＿＿＿］ ［(b)＿＿＿＿＿＿］ at six.

ア　(a) usually　　(b) getting up　　イ　(a) usually　　(b) gets up

ウ　(a) always　　(b) get up　　エ　(a) always　　(b) got up

4　日本文に合うように，（　　）に入る語を下から選び，数字で答えなさい。文頭に来るものも小文字で書いています。
（金光大阪高）

(1) 今夜は雨が降るかもしれませんよ。

It （ア　　　）（イ　　　） tonight.

1）rain　　2）rainy　　3）raining　　4）can　　5）may　　6）must

(2) あの自転車は私のですか，それとも彼女のですか。

Is that bike （ア　　　） or （イ　　　）?

1）my　　2）me　　3）mine　　4）she　　5）her　　6）hers

(3) ジョンが日本の歴史に興味があることを知っていますか。

Do you know （ア　　　） John is interested （イ　　　） Japanese history?

1）that　　2）this　　3）it　　4）in　　5）with　　6）of

5　次の(1)〜(5)について，それぞれの日本文の意味を表す英文を完成するのに最も適当な語順のものをア〜エの中から 1 つ選び，その記号で答えなさい。
（星翔高）

(1) 私はパーティーで，サマンサの両親に紹介されました。

I ＿＿＿＿＿ party.

ア．introduced Samantha's parents to was at the

イ．introduced the parents was to Samantha's at

ウ．was introduced to parents at the Samantha's

エ．was introduced to Samantha's parents at the

(2)　私はあなたが昨日バスケットボールの試合に勝ってうれしいです。

　　　_____ yesterday.

　ア．I'm glad that you won the basketball match

　イ．I'm glad you won that the match basketball

　ウ．I'm won that the basketball match you glad

　エ．I'm won the match that you glad basketball

(3)　もう授業には遅れないでください。

　　　Please _____.

　ア．again be late the class don't for　　イ．be the class don't late for again

　ウ．don't be late for the class again　　エ．don't late again be for the class

(4)　カフェでナオミと私はお互いに楽しくおしゃべりをしました。

　　　Naomi _____ the café.

　ア．with I talking each other and enjoyed at

　イ．talking with I and enjoyed each other at

　ウ．enjoyed each other and I with talking at

　エ．and I enjoyed talking with each other at

(5)　あなたはスペイン対ブラジルのサッカーの試合を見ましたか。

　　　Did _____ Brazil?

　ア．you the game and watch Spain soccer between

　イ．you watch the soccer game between Spain and

　ウ．the soccer game watch you between Spain and

　エ．the soccer game between Spain and you watch

6　次の各日本語の文を英文に直すとき最も適切なものをア～エから選び，記号で答えなさい。

（浪速高）

1．彼は飛行機でニューヨークに向けて東京を出発した。（　　　　）

　ア．He left Tokyo to New York by plane.　　イ．He left New York to Tokyo by plane.

　ウ．He left Tokyo for New York by plane.　　エ．He left New York for Tokyo by plane.

2．彼女は疲れすぎて宿題を終えることができなかった。（　　　　）

　ア．She was to tired too finish her homework.

　イ．She was too tired to finish her homework.

　ウ．She was so tired that finish her homework.

　エ．She was so tired that she finished her homework.

3．ジャックはクラスで最も背が高い。（　　　）

　ア．Jack is the taller in his class.　　イ．Jack is the tallest of his class.

　ウ．Jack is taller than his class.　　エ．Jack is taller than any other student in his class.

7　次の日本語に合う英文を選んで記号で答えなさい。　　　　　　　　　　　　（プール学院高）

(1)　ナンシーは出来るだけ一生懸命，英語の勉強をした。（　　　　）

　　ア　Nancy studied English as hard as she.

　　イ　Nancy studied English as hard as she could.

　　ウ　Nancy studied English as hard as she can.

(2)　傘を持っていくのを忘れないようにね。（　　　　）

　　ア　Please take an umbrella with you.

　　イ　Please take a umbrella with you.

　　ウ　Please take you umbrella.

(3)　私はあなたにお会いできるのを楽しみにしています。（　　　　）

　　ア　I am looking forward to see you.

　　イ　I am look forward to seeing you.

　　ウ　I am looking forward to seeing you.

8　次の日本語を英語にしなさい。　　　　　　　　　　　　　　　　　　　　　（履正社高）

　1．私は毎日電車で学校に通っています。

　　（　　　　　　　　　　　　　　　　　　　　　　　　　　　　　　　　　　　　　　）

　2．この本はあの本よりもおもしろいです。

　　（　　　　　　　　　　　　　　　　　　　　　　　　　　　　　　　　　　　　　　）

　3．私は昨日サッカーをするために公園へ行きました。

　　（　　　　　　　　　　　　　　　　　　　　　　　　　　　　　　　　　　　　　　）

　4．誰があの窓を割ったのですか。

　　（　　　　　　　　　　　　　　　　　　　　　　　　　　　　　　　　　　　　　　）

　5．これは日本で一番長い川です。

　　（　　　　　　　　　　　　　　　　　　　　　　　　　　　　　　　　　　　　　　）

　6．机の上にある辞書は私のものです。

　　（　　　　　　　　　　　　　　　　　　　　　　　　　　　　　　　　　　　　　　）

9　次の(1)〜(4)のそれぞれの日本文を英語にしなさい。　　　　　　　　　　　（奈良女高）

(1)　彼女はとてもかわいいです。

　　（　　　　　　　　　　　　　　　　　　　　　　　　　　　　　　　　　　　　　　）

(2)　私の母は英語が得意です。

　　（　　　　　　　　　　　　　　　　　　　　　　　　　　　　　　　　　　　　　　）

(3)　今日はどのようにしてここにいらっしゃいましたか。

　　（　　　　　　　　　　　　　　　　　　　　　　　　　　　　　　　　　　　　　　）

(4)　私はまだその博物館に行ったことがありません。

　　（　　　　　　　　　　　　　　　　　　　　　　　　　　　　　　　　　　　　　　）

10　次の日本文を（　　）内に指定された語数に従って英文に直しなさい。ただし，句読点は語数に含めないものとする。　　　　　　　　　　　　　　　　　　　　　　　　　　　（関大第一高）

1．その試合は3時に始まる予定です。（8語　数字は英単語で書くこと。）

（　　　　　　　　　　　　　　　　　　　　　　　　　　　　　　　　　　　　　）.

2．今年はたくさん雪が降りました。（8語　We で始めること。）

（　　　　　　　　　　　　　　　　　　　　　　　　　　　　　　　　　　　　　）.

3．あなたはあの本を読んだことを覚えていますか。（6語）

（　　　　　　　　　　　　　　　　　　　　　　　　　　　　　　　　　　　　）?

4．私は10歳のときから日本にいます。（9語　数字は英単語で書くこと。）

（　　　　　　　　　　　　　　　　　　　　　　　　　　　　　　　　　　　　　）.

11　次の各日本文の意味を英語であらわしなさい。　　　　　　　　　　　　　　　（京都教大附高）

1．私の父は新聞を読むのをやめて，部屋から出ていきました。

（　　　　　　　　　　　　　　　　　　　　　　　　　　　　　　　　　　　　　）

2．私は祖母に長いこと会っていません。

（　　　　　　　　　　　　　　　　　　　　　　　　　　　　　　　　　　　　　）

3．来週の土曜日までこのギターを借りてもいいですか。

（　　　　　　　　　　　　　　　　　　　　　　　　　　　　　　　　　　　　　）

12　次の(1)，(2)の日本文をそれぞれ英語に直しなさい。ただし，(1)は If it で始めること。

（清風南海高）

(1) If it （　　　　　　　　　　　　　　　　　　　　　　　　　　　　　　　　　）

(2)（　　　　　　　　　　　　　　　　　　　　　　　　　　　　　　　　　　　　）

(1) 今度の日曜日にきみの都合がよければ，私の家に来ない？　(2) いろんな音楽を聴いて楽しもうよ。

13　次の会話文を読んで，下線部の日本語の意味を表す英語を書け。　　　　　（京都府立嵯峨野高）

(1)　A：先日は傘を貸していただいてありがとうございました。大雨だったので助かりました。

　　B：いいえ，とんでもないです。お役に立ててうれしいです。

（　　　　　　　　　　　　　　　　　　　　　　　　　　　　　　　　　　　　　）

(2)　A：明日の土曜日，天橋立に旅行に出かけるんだけど，どんな天気になるか心配だよ。

　　B：さっき天気予報をやっていたわ。水曜から晴れているけど，週末は雨になりそうよ。

　　A：そうなんだ。残念だな。

（　　　　　　　　　　　　　　　　　　　　　　　　　　　　　　　　　　　　　）

§2. 整序作文

1 次の日本文の意味を表すように（　　）内の語(句)を並べ替え，（　　）内で2番目と4番目にくる語の記号を答えなさい。　　　　　　　　　　　　　　　　　　　　　　　　　（興國高）

(1) ケンはどのくらいスペインに滞在したのですか？（　　）（　　）

How （ア. stay　　イ. did　　ウ. in　　エ. long　　オ. Ken) Spain?

(2) ケイトは妹に何冊か本をあげた。（　　）（　　）

Kate （ア. sister　　イ. some　　ウ. gave　　エ. books　　オ. her).

(3) ここは大阪で最も美しい場所のひとつだ。（　　）（　　）

This is one of （ア. places　　イ. the　　ウ. in　　エ. beautiful　　オ. most) Osaka.

(4) 彼女から3か月間便りがありません。（　　）（　　）

I （ア. have　　イ. heard　　ウ. from　　エ. not　　オ. her) for three months.

(5) 仕事でご一緒できることを楽しみにしております。（　　）（　　）

I'm （ア. to　　イ. with　　ウ. forward　　エ. working　　オ. looking) you.

2 次の日本文の意味を表すように記号を並べかえたとき，3番目と6番目にくる記号をそれぞれ選び，記号で答えなさい。ただし，文頭の文字も小文字である。　　　　　　　（洛陽総合高）

(1) あなたの教室には何名の生徒がいますか。（　　）（　　）

（ア. there　　イ. classroom　　ウ. how　　エ. are　　オ. in　　カ. many　　キ. your　　ク. students)?

(2) もう一杯コーヒーのおかわりはいかがですか。（　　）（　　）

（ア. you　　イ. like　　ウ. coffee　　エ. of　　オ. another　　カ. would　　キ. cup)?

(3) 私の家の近くのスーパーは午後9時に閉まります。（　　）（　　）

（ア. at　　イ. 9 p.m.　　ウ. my　　エ. supermarket　　オ. near　　カ. the　　キ. house　　ク. closes).

(4) 郵便局までの行き方を教えてくれませんか。（　　）（　　）

（ア. the post office　　イ. you　　ウ. way　　エ. could　　オ. tell　　カ. the　　キ. to　　ク. me)?

3 日本文の意味に合うように，（　　）内の語句を並べかえるとき，2番目と5番目にくる語を記号で答えなさい。ただし文頭にくる語も小文字にしてある。　　　　　　　（梅花高）

(1) 私は土曜日によく音楽を聴きます。（　　）（　　）

I （ア on　　イ listen　　ウ music　　エ Saturdays　　オ to　　カ often).

(2) あなたは今までにカナダへ行ったことがありますか。（　　）（　　）

（ア ever　　イ Canada　　ウ have　　エ to　　オ you　　カ been)?

④　次の日本文に合うように［　　］内の語(句)を並べかえて，2番目と4番目にくる語(句)をそれ
ぞれ番号で答えなさい。ただし，文頭にくる語(句)も小文字になっている。　　　　　　（奈良女高）

(1)　あなたとテニスをしたいのですが。（　　　）（　　　）

　　　［1　like　　2　tennis　　3　with　　4　to　　5　I'd　　6　play　　7　you］.

(2)　トムは昨日，何本かの美しい花をクミにあげました。（　　　）（　　　）

　　　［1　some　　2　Tom　　3　Kumi　　4　gave　　5　beautiful　　6　to

　　　7　flowers］yesterday.

(3)　去年はほとんど雪が降りませんでした。（　　　）（　　　）

　　　［1　snow　　2　last　　3　we　　4　little　　5　had］year.

(4)　私の母は3回USJに行ったことがあります。（　　　）（　　　）

　　　［1　been　　2　my mother　　3　USJ　　4　times　　5　three　　6　has

　　　7　to］.

⑤　次の【　　】内の語(句)をそれぞれ日本語の内容に合うように並べかえたとき，2番目と4番目
にくるものを符号で書きなさい。ただし，文頭にくる語も小文字になっています。　　（日ノ本学園高）

(1)　小さな子どもたちを連れて行く必要はありません。（　　　）（　　　）

　　　You【あ　don't　　い　the small children　　う　have　　え　to　　お　take】.

(2)　彼の夢はあなたの夢ほど大きくないです。（　　　）（　　　）

　　　【あ　big　　い　as　　う　is　　え　his dream　　お　not】as yours.

(3)　その漫画を読んではいけません。（　　　）（　　　）

　　　【あ　book　　い　the comic　　う　don't　　え　read】.

(4)　私は靴だけでなく靴下も買いました。（　　　）（　　　）

　　　I bought【あ　but　　い　shoes　　う　socks　　え　not　　お　only】.

⑥　与えられた語(句)をすべて並べかえて，日本語の意味に合う英文を完成させよ。解答欄には3番
目と6番目に来る語(句)のみを，記号で答えよ。　　　　　　　　　　（ノートルダム女学院高）

(1)　おばあさんが私に京都駅への道を尋ねました。

　　　An old woman ₁(　　)₂(　　)₃(□□□)₄(　　)₅(　　)₆(□□□).

　　　ア　way　　イ　asked　　ウ　Kyoto Station　　エ　me　　オ　the　　カ　to

(2)　彼女の赤ちゃんは来月になったら，一人で歩くことができるだろう。

　　　Her baby ₁(　　)₂(　　)₃(□□□)₄(　　)₅(　　)₆(□□□)₇(　　) next month.

　　　ア　able　　イ　walk　　ウ　will　　エ　be　　オ　himself　　カ　to　　キ　by

(3)　私の父には，スポーツをするための時間はありません。

　　　My father ₁(　　)₂(　　)₃(□□□)₄(　　)₅(　　)₆(□□□).

　　　ア　no　　イ　sports　　ウ　has　　エ　time　　オ　to　　カ　play

7 日本語の意味になるように英文中の下線部にカッコ内の英語を入れるとき，それぞれ指定された場所に入るものを記号で答えなさい。ただし，文頭に来る語も小文字で書いているので注意すること。

（浪速高）

1．昨夜は遅くまで起きていた。

I ① ___ ___ ② ___ ___ night.

（ア up イ late ウ last エ stayed）

2．アキコの髪は赤ん坊のころ以来ずっと長い。

Akiko's hair ___ ① ___ ___ ② ___ ___ ___ a baby.

（ア been イ long ウ she エ has オ since カ was）

3．鎌倉へ行くには，どの電車に乗るべきですか。

___ ① ___ ② ___ ___ ___ to get to Kamakura?

（ア should イ take ウ train エ I オ which）

4．私は野球よりもテニスの方が好きだ。

I ___ ___ ① ___ ② ___ ___.

（ア better イ like ウ tennis エ baseball オ than）

8 次の日本文の意味になるように，（　　）内の語(句)を並べかえた時に，○のついた位置に入る語(句)を記号で答えなさい。ただし，文頭にくる語も小文字で表しています。

（太成学院大高）

(1) この教科書が全ての中で一番役に立ちます。（　　　）

（ア all イ the ウ this textbook エ of オ most カ is キ useful）.

___ ___ ___ ○ ___ ___ ___.

(2) 箱の中にはたくさんのマンガがあります。（　　　）

（ア in イ there ウ many comics エ the box オ are）.

___ ___ ○ ___ ___.

(3) あなたはそのゲームをしたことがありますか？（　　　）

（ア ever イ played ウ have エ the game オ you）?

___ ___ ○ ___ ___?

(4) 母が忙しい時は，私が夕食を作ります。（　　　）

（ア make イ I'll ウ when エ is オ my mother カ dinner）.

___ ___ ○ ___ ___ busy.

9 次の各日本文の意味に合うように，[　　]内の語(句)を並べかえ，英文を完成させなさい。解答はそれぞれ（ A ），（ B ）に入る語(句)の記号を答えなさい。ただし，文頭に来る語も小文字で示してあります。

（滝川高）

1 私はとても疲れていたので，ペットの世話をすることができなかった。

I ［ア．too イ．was ウ．take エ．tired オ．care カ．to キ．of ク．my pet］.

I （　　）（ A ）（　　）（　　）（ B ）（　　）（　　）（　　）.

2　新聞を読むことによって，私たちは重要なことをたくさん知ることができる。

We [ア．reading　　イ．can　　ウ．by　　エ．important　　オ．learn　　カ．things

キ．many] newspaper.

We（　　）（　　）（A　　）（　　）（　　）（B　　）（　　）newspaper.

3　何か温かい飲み物はいかがですか。

[ア．don't　　イ．something　　ウ．why　　エ．hot　　オ．you　　カ．to　　キ．have

ク．drink]?

（　　）（　　）（A　　）（　　）（　　）（B　　）（　　）（　　）?

4　富士山は，日本で一番高い山だ。

[ア．higher　　イ．Mt. Fuji　　ウ．any　　エ．other　　オ．is　　カ．than

キ．in Japan　　ク．mountain].

（　　）（　　）（A　　）（　　）（　　）（B　　）（　　）（　　）.

10　次の日本文の意味を表すように語句を並べかえたとき，（　　）の中で2番目と4番目にくるものの組み合わせとして最も適切なものをア〜エの中から1つ選び，記号で答えなさい。ただし，文頭にくる語も小文字で書いてあります。　　　　　　　　　　　（大阪電気通信大高）

1　昨日は何時に起きましたか。（　　　　）

（① did　　② get　　③ time　　④ you　　⑤ what　　⑥ up) yesterday?

[ア　③－④　　イ　④－③　　ウ　③－②　　エ　④－①]

2　急がなくてもいいですよ。（　　　　）

（① you　　② hurry　　③ have　　④ to　　⑤ don't).

[ア　③－②　　イ　⑤－②　　ウ　⑤－③　　エ　⑤－④]

3　彼女はゴルフができますか。（　　　　）

（① is　　② golf　　③ able　　④ she　　⑤ play　　⑥ to)?

[ア　①－⑥　　イ　④－⑥　　ウ　②－①　　エ　③－⑤]

4　あなたのおじいさんは何歳ですか。（　　　　）

（① is　　② grandfather　　③ how　　④ your　　⑤ old)?

[ア　⑤－④　　イ　①－②　　ウ　⑤－②　　エ　①－④]

5　彼女は沖縄を訪れたことが一度もない。（　　　　）

（① has　　② she　　③ visited　　④ never　　⑤ Okinawa).

[ア　①－③　　イ　②－⑤　　ウ　④－③　　エ　④－⑤]

6　私はあなたほど速く走れません。（　　　　）

（① can't　　② as fast　　③ you　　④ as　　⑤ run　　⑥ I).

[ア　①－④　　イ　①－②　　ウ　⑤－④　　エ　②－⑤]

7　私は母に本をもらった。（　　　　）

（① was　　② given　　③ I　　④ my mother　　⑤ a book　　⑥ by).

[ア　②－⑥　　イ　②－④　　ウ　①－④　　エ　①－⑤]

8　ケンは三人の中で一番若い。（　　　）

（① youngest　② Ken　③ the　④ is　⑤ of) the three.

［ア　④─②　　イ　④─①　　ウ　④─③　　エ　④─⑤]

11　次の日本文に合うように，（　　）内の語を並べかえ正しい英文を完成させなさい。ただし，文頭にくるべき語も小文字にしている場合があるので，必要に応じて大文字にすること。　（初芝橋本高）

1．母は今朝からずっと忙しいです。

（been / this / my / busy / has / since / mother) morning.

（　　　　　　　　　　　　　　　　　　　　　　　　　　　　　　） morning.

2．彼女は絵を描くことに興味があります。

She (in / interested / drawing / is / pictures).

She （　　　　　　　　　　　　　　　　　　　　　　　　　　　　）.

3．この本はいつ書かれたのですか。

（was / this / when / written / book)?

（　　　　　　　　　　　　　　　　　　　　　　　　　　　　　　）?

4．東京は世界で一番大きな都市の一つです。

Tokyo (one / biggest / in / cities / of / the / is) the world.

Tokyo （　　　　　　　　　　　　　　　　　　　　　　　） the world.

5．神戸に行くにはどの電車に乗ればいいですか。

（go / should / which / take / train / I / to / to) Kobe?

（　　　　　　　　　　　　　　　　　　　　　　　　　　　　） Kobe?

6．僕は京都でたくさんの写真を撮るつもりだ。

I'm (a / to / of / lot / take / going / pictures) in Kyoto.

I'm （　　　　　　　　　　　　　　　　　　　　　　　） in Kyoto.

12　次の日本語に合うように，［　　］内の語を並べかえなさい。ただし1語不足している語を補うこと。また，文頭に来るべき語も小文字になっています。　（アサンプション国際高）

1．箕面駅までの行き方を教えていただけませんか。

［way / Minoh Station / will / the / tell / me / you]?

（　　　　　　　　　　　　　　　　　　　　　　　　　　　　　　）?

2．昼食後，お皿を洗わなくてもいいですよ。

［wash / don't / after / to / dishes / you / lunch / the].

（　　　　　　　　　　　　　　　　　　　　　　　　　　　　　　）.

3．またお会いできることを楽しみにしています。

［looking / you / are / to / we / again / forward].

（　　　　　　　　　　　　　　　　　　　　　　　　　　　　　　）.

4．妹は，3歳からフルートを演奏しています。

[flute / was / played / my sister / 3 years old / the / has / she].

(　　　　　　　　　　　　　　　　　　　　　　　　　　　).

5．試合には何人参加できますか。

[many / game / part / how / in / can / take / the]?

(　　　　　　　　　　　　　　　　　　　　　　　　　　　)?

13　次の日本文の意味を表すように，｜　｜内の語句を並べかえて英文を完成させ，二番目と六番目にくるものを番号で答えなさい。ただし，それぞれ不要な語句が一つ含まれている。また｜　｜の中では文の始めにくる語句も小文字で記してある。　　　　　　　　　　　　　（近江高）

1．康平（コウヘイ）は中学生のとき，オーストラリアを訪れた。（　　　）（　　　）

｜① Australia　② Kohei　③ a junior high school　④ he　⑤ to

⑥ was　⑦ visited　⑧ when｜ student.

2．彼らと一緒にコンサートに行ってもいいですか。（　　　）（　　　）

｜① with　② a concert　③ to　④ shall　⑤ them　⑥ I　⑦ go

⑧ may｜?

3．その美術館では写真を撮ってはいけない。（　　　）（　　　）

｜① in　② must　③ don't　④ take　⑤ pictures　⑥ not

⑦ the museum　⑧ you｜.

4．私たちは去年からこの部屋を使っている。（　　　）（　　　）

｜① for　② since　③ room　④ last year　⑤ used　⑥ have　⑦ this

⑧ we｜.

14　次の各英文中の［　　　］内の語句を並べ替え，正しい英文を作りなさい。　　（京都産業大附高）

1．There [on / will / a concert / be / Friday] evening.

There (　　　　　　　　　　　　　　　　　　　　) evening.

2．I'm very [for / being / late / sorry] today.

I'm very (　　　　　　　　　　　　　　　　　　　) today.

3．Please [to / hello / your wife / for / say] me.

Please (　　　　　　　　　　　　　　　　　　　　) me.

4．I'll [a letter / you / I / send / when] have time.

I'll (　　　　　　　　　　　　　　　　　　　　　) have time.

5．Why [to / we / don't / go / see] a movie next Sunday?

Why (　　　　　　　　　　　　　　　　　　) a movie next Sunday?

15 次の英文が完成した文になるように並べ替え，（　　）内で2番目と4番目にくる最も適切なものをそれぞれ1つずつ選び，番号で答えなさい。ただし文頭にくる語も小文字にしている。

(1) The first（1．to clean ／ 2．my ／ 3．is ／ 4．thing to ／ 5．do today）room.

　　　　　　　　　　　　　　　　　　　　　　　　　　　　（　　）（　　）

(2) （1．at ／ 2．right ／ 3．turn ／ 4．the next ／ 5．corner），and you can see the park.

　　　　　　　　　　　　　　　　　　　　　　　　　　　　（　　）（　　）

(3) Thank you（1．to ／ 2．for ／ 3．new songs ／ 4．listening ／ 5．my）today.

　　　　　　　　　　　　　　　　　　　　　　　　　　　　（　　）（　　）

(4) Do（1．something ／ 2．you ／ 3．drink ／ 4．hot to ／ 5．want）?（　　）（　　）

(5) （1．with ／ 2．your brother ／ 3．playing ／ 4．basketball ／ 5．is）Jim now?

　　　　　　　　　　　　　　　　　　　　　　　　　　　　（　　）（　　）

16 次の1～4の［　　］内の語(句)を並べかえて意味が通る英文を作るとき，［　　］内で3番目と5番目にくる語(句)を番号で答えなさい。なお，文頭にくるべき語も小文字で始めてあります。

1 ［① friends ／ ② songs ／ ③ I ／ ④ my ／ ⑤ singing ／ ⑥ like ／ ⑦ with］.

　　　　　　　　　　　　　　　　　　　　　　　　　　　　（　　）（　　）

2 What［① do ／ ② going ／ ③ next ／ ④ Sunday ／ ⑤ to ／ ⑥ you ／ ⑦ are］?

　　　　　　　　　　　　　　　　　　　　　　　　　　　　（　　）（　　）

3 ［① fresh ／ ② get ／ ③ let's ／ ④ open ／ ⑤ some ／ ⑥ the window ／ ⑦ to］air.

　　　　　　　　　　　　　　　　　　　　　　　　　　　　（　　）（　　）

4 ［① all ／ ② like ／ ③ of ／ ④ spring ／ ⑤ the best ／ ⑥ I ／ ⑦ the seasons］.

　　　　　　　　　　　　　　　　　　　　　　　　　　　　（　　）（　　）

17 次の1～3において，それぞれ下に与えられた語(句)を，意味が通る文に並べかえたとき，　a　・　b　・　c　に入るものを記号で答えなさい。ただし文頭にくる語も小文字にしてあります。

1．＿＿＿ ＿＿＿ a ＿＿＿ b ＿＿＿ c ＿＿ ＿＿．
ア．a present　　イ．by　　ウ．for　　エ．him　　オ．she　　カ．the station
キ．to a store　　ク．to buy　　ケ．went

2．＿＿＿ a ＿＿＿ b ＿＿＿ c ＿＿ ＿＿？
ア．do　　イ．kind　　ウ．listen　　エ．music　　オ．of　　カ．to　　キ．usually
ク．what　　ケ．you

3．Give ＿＿＿ ＿＿ a ＿＿ b ＿＿ c ＿＿ ＿＿．
ア．finish　　イ．it　　ウ．mother　　エ．reading　　オ．the letter　　カ．to　　キ．when
ク．you　　ケ．your

§3．その他の英作文

1　例にならって次のイラストを英語で説明しなさい。英文は1文でなくてもよい。　　（大阪高）

　　(1)(　　）

　　(2)(　　）

〈例〉　She feels his music is noisy because the volume is too loud.

(1)

(2)

2　絵の状況を説明している英文の空所に適する表現を3語以上10語以内の英語で答えなさい。ただし，主語と述語動詞を含むこととし，カンマなどは語数に含めない。　　（羽衣学園高）

　　No.1　The boy wants to drink water, but he can't because (　　　　　　　　　　　　).

　　No.2　The man couldn't catch the bus because (　　　　　　　　　　　　).

　　　　No.1

The boy wants to drink water, but he can't

because ＿＿＿＿＿＿＿＿＿＿＿＿＿.

　　　　No.2

The man couldn't catch the bus

because ＿＿＿＿＿＿＿＿＿＿＿＿＿.

3 次の状況で使う英語を書きなさい。2文以上でも構わない。　　　　　　　　（英真学園高）

　1．買い物中，気に入ったデザインのシャツを見つけたが，小さいサイズのものがないか店員にた

　　ずねるとき。

　　（　　　　　　　　　　　　　　　　　　　　　　　　　　　　　　　　　　　　　　　）

　2．英語での会話中，相手の話がうまく聞き取れなかったとき。

　　（　　　　　　　　　　　　　　　　　　　　　　　　　　　　　　　　　　　　　　　）

4 あなたの友人から電話があり，午後に会おうと言われました。1～3の内容をどのように伝えます

　か。I'm に続く文章を，英語で書きなさい。　　　　　　　　　　　　　　　　（四天王寺高）

　1．今，家にいて音楽を聞いているということ。

　　I'm（　　　　　　　　　　　　　　　　　　　　　　　　　　　　　　　　　　　　　）

　2．弟の宿題を手伝う予定があるということ。

　　I'm（　　　　　　　　　　　　　　　　　　　　　　　　　　　　　　　　　　　　　）

　3．行くことができず申し訳ないということ。

　　I'm（　　　　　　　　　　　　　　　　　　　　　　　　　　　　　　　　　　　　　）

5 以下の会話文を読み，会話の流れに合う英文を作り①～②の［　　　］に入れよ。英文は3語以上

　で書け。　　　　　　　　　　　　　　　　　　　　　　　　　　　　　　　　　（京都西山高）

　　① So（　　　　　　　　　　　　　　　　　　　　　　　　　　　　　　　　　　　）

　　②（　　　　　　　　　　　　　　　　　　　　　　　　　　　　　　　　　　　　　）

　店員：　Hello. May I help you?

　ユミ：　Yes, please. It's raining outside. I don't want to get wet. So［　①　］

　店員：　All right. Do you need a large one or a small one?

　ユミ：　A large one, please.

　店員：　［　　②　　］

　ユミ：　I like red.

　店員：　I'll find a red one for you.

6 次の1～3の会話の流れに合うように，下線部(1)～(3)にあてはまる英語1文を答えよ。いずれも1

　文は3語以上10語以内とする。

　　(1)（　　　　　　　　　　　　　　　　　　　　　　　　　　　　　　　　　　　）？

　　(2)（　　　　　　　　　　　　　　　　　　　　　　　　　　　　　　　　　　　）？

　　(3)（　　　　　　　　　　　　　　　　　　　　　）？　　　　　　　　　　　（京都橘高）

　例：I have a pen. は4語である。

　1．A：　I will go to see a movie tonight. Do you want to come with me?

　　　B：　I'd love to.

　　　A：　(1)————————？

　　B：　How about in front of the library?

　　A：　OK. See you then.

2．(At the airport)

　　A：　Show me your passport, please.

　　B：　Here you are.

　　A：　What's the purpose of your visit?

　　B：　Sightseeing.

　　A：　OK. (2)＿＿＿＿＿?

　　B：　For a week.

3．A：　May I help you?

　　B：　Yes, please. I'm looking for a jacket.

　　A：　How about this one?

　　B：　It's too small for me. (3)＿＿＿＿＿?

　　A：　Sure. Then, how about that one?

7　次の質問に対するあなた自身の答えを英語で書きなさい。ただし，①は 3 語以上，②は 4 語以上で答えなさい。　　　　　　　　　　　　　　　　　　　　　　　　　　（京都精華学園高）

Question：What did you enjoy the best in your junior high school life?

Answer　：①[　　　　　　　　　　　　　　　　　　　　　　　　　　　　　].

Question：Please tell me more.

Answer　：②[　　　　　　　　　　　　　　　　　　　　　　　　　　　　　].

8　次の問いに答えなさい。　　　　　　　　　　　　　　　　　　　　　　　（滋賀県）

　アメリカのミシガン州から 20 名の中学生があなたの学校を訪問します。その歓迎会で，交流を深める活動をすることになったため，英語のスミス先生（Mr. Smith）と英語の時間に話し合いをすることになりました。あなたならどのような活動を提案しますか。あなたの考えを理由も含めて，20 語以上の英語で書きなさい。2 文以上になってもかまいません。

9　次の質問に対するあなた自身の返答を，理由や説明を含めて，30 語以上の英語で書きなさい。ただし，符号（.,?!など）は語数に含まないものとする。　　　　　　　　　　（和歌山県）

〔質問〕　Which do you like better, summer vacation or winter vacation?

5 問答・応答

1 A群の①～⑤の英語の疑問文に対する答えとして，最も適切なものを下のB群から1つ選び，番号で答えなさい。ただし，B群の英語はそれぞれ1回しか使えません。　　　　　　　　　　（宣真高）

①（　　　）②（　　　）③（　　　）④（　　　）⑤（　　　）

A群　① Why do you look so tired?　② Will he come home by five?

　　　③ Shall we go to that restaurant tonight?　④ Who broke the window?

　　　⑤ Shall I help you?

B群　1．Yes, please.　2．Because I studied late last night.　3．Yes, let's.

　　　4．Tom was.　5．Ken did.　6．No, he won't.

2 会話の応答として最も適切なものをア～エから1つ選び，記号で答えなさい。　　　（京都文教高）

(1) "Hello, may I speak to Michael?" （　　　）

　　ア "Yes, you did."　イ "No, I can't."　ウ "See you again."　エ "Speaking."

(2) "Do we have a math test tomorrow?" （　　　）

　　ア "I enjoy it."　イ "Me, too."　ウ "I think so."　エ "Nice."

(3) "Do you think she will come to the party tonight?" （　　　）

　　ア "Yes, I can."　イ "No, I can't."　ウ "I will do."　エ "I hope so."

(4) "Shall I draw a map for you?" （　　　）

　　ア "Sure, I will."　イ "Yes, you will."　ウ "Yes, please."　エ "No, you'll not."

(5) "How far is the station from here?" （　　　）

　　ア "Three times."　イ "About two kilometers."　ウ "For ten minutes."

　　エ "It takes about ten minutes."

3 次の会話文を完成させたとき，空所に入る最も適するものをそれぞれ下から1つ選び，記号で答えよ。　　　　　　　　　　（近大附和歌山高）

1．"What are you looking for?" — "（　　　）"

　　ア I'm sleepy.　イ I need some eggs.　ウ I go there alone.

　　エ I want to play the guitar.

2．"Ms. White lives in that city." — "（　　　）"

　　ア No, she hasn't.　イ Yes, he does.　ウ Oh, does she?　エ Oh, has she?

3．"What is the date today?" — "（　　　）"

　　ア It's Friday.　イ It's six thirty.　ウ It's snowing.　エ It's May 5th.

4　次の(1)～(5)のそれぞれの問いかけに対する答えとして，適切なものを1つ選びなさい。

（神戸第一高）

(1)　Have you brushed your teeth yet? （　　　）

　　A．Yes, I do.　　B．Yes, I have.　　C．Yes, please.　　D．Yes, I can.

(2)　Must I go now? （　　　）

　　A．Yes, you can.　　B．No, I don't.　　C．Yes, I do.　　D．No, you needn't.

(3)　Shall I take you to the station? （　　　）

　　A．Yes, you are.　　B．No, I'm not.　　C．Yes, please.　　D．No, we aren't.

(4)　How old is this building? （　　　）

　　A．He is forty years old.　　B．It's forty years old.　　C．It's forty kilometers.

　　D．It's on the fifth floor.

(5)　What's wrong with your father? （　　　）

　　A．He lost his way.　　B．He was wrong.　　C．He is nice.　　D．He is sick.

5　次の問いに対する答えとして最も適切なものを，それぞれ一つ選び，その記号を答えなさい。

（明浄学院高）

1．Good morning, how are you today? （　　　）

　　ア　I'm great.　　イ　I know.　　ウ　How are you?　　エ　Tea, please.

2．Where are you from? （　　　）

　　ア　Japanese.　　イ　Nice to meet you.　　ウ　I am hungry.　　エ　I'm from Okinawa.

3．Can you speak English? （　　　）

　　ア　No, I'm Japanese.　　イ　Yeah, America.　　ウ　I have been to Australia.

　　エ　A little.

4．What are you doing now? （　　　）

　　ア　I like sushi.　　イ　I'm tired.　　ウ　I'm doing a test.　　エ　I don't like fish.

5．What time is it? （　　　）

　　ア　Yes, it is.　　イ　That's a good idea.　　ウ　Maybe.　　エ　I'm sorry, I don't know.

6　次の(1)～(8)のA，Bの対話について，（　　　）に当てはまる最も適切なものを(ア)～(エ)の中から一つ
ずつ選んで，その記号を書きなさい。　　　　　　　　　　　　　　　　　　　（昇陽高）

(1)　A：　Are you from France?

　　B：　（　　　）

　　(ア)　Yes, I am.　　(イ)　No, it isn't.　　(ウ)　It's difficult.　　(エ)　Yes, I do.

(2)　A：　Shall we play baseball?

　　B：　（　　　）

　　(ア)　No, I don't.　　(イ)　Yes, I can.　　(ウ)　Yes, let's.　　(エ)　Yes, we are.

(3) A : Could you tell me the way to the post office?

　　 B : (　　　　)

　(ア) You are welcome.　　(イ) I wrote a letter.　　(ウ) Yes, please.

　(エ) Turn right at the corner.

(4) A : You look sick. (　　　　)

　　 B : I have a fever.

　(ア) What happened?　　(イ) May I come in?　　(ウ) Where do you live?

　(エ) What's your name?

(5) A : How are you doing?

　　 B : (　　　　)

　(ア) I'm OK.　　(イ) That's right.　　(ウ) That's all.　　(エ) I have to go.

(6) A : What do you do?

　　 B : (　　　　)

　(ア) No, he doesn't.　　(イ) I like English.　　(ウ) It's too difficult.

　(エ) I work at a restaurant.

(7) A : This is Ken. Can I speak to Kumi?

　　 B : I'm sorry. She isn't home yet.

　　 A : OK. (　　　　)

　(ア) It is colorful.　　(イ) I'll call her later.　　(ウ) Speaking.

　(エ) I have the wrong number.

(8) A : Why do you like the book?

　　 B : (　　　　) it's interesting.

　(ア) When　　(イ) And　　(ウ) But　　(エ) Because

7　次の(1)～(6)の対話文を読んで，(　　　)に入る最も適当なものを，ア～エから１つずつ選び，記号
で答えなさい。　　　　　　　　　　　　　　　　　　　　　　　　　　　　　　（甲子園学院高）

　(1)(　　　　) (2)(　　　　) (3)(　　　　) (4)(　　　　) (5)(　　　　) (6)(　　　　)

(1) *A:* (　　　　　　)

　　 B: I want to send this letter to Tokyo. How much is it?

　　 A: It's 94 yen.

　ア Do you want some stamps?　　イ Will you help me?　　ウ May I help you?

　エ Shall I send your letter?

(2) *A:* Hi. I went to the shopping mall yesterday.

　　 B: (　　　　　　)

　　 A: No, I didn't. I couldn't find anything to buy.

　ア Did you buy anything?　　イ Did you go there with your mother?

　ウ How did you go there?　　エ Were you with Emily?

(3)　*A:*　This is my favorite movie.

　　B:　How many times have you watched the movie?

　　A:　(　　　　　)

　ア　Since I was four years old.　　イ　For three days.　　ウ　When I was in Tokyo.

　エ　Three times.

(4)　*A:*　I bought this bag yesterday.

　　B:　It looks very nice. (　　　　　)

　　A:　It was 10,000 yen.

　ア　Can I borrow it?　　イ　How much did you have?　　ウ　How much was it?

　エ　You must like it!

(5)　*A:*　What are you going to eat?

　　B:　I think I'll have curry and rice. (　　　　　)

　　A:　I'll have pasta.

　ア　Do you like pasta better than curry and rice?　　イ　Have you ordered something yet?

　ウ　How about you?　　エ　Which do you like, pasta or pizza?

(6)　*A:*　What are you going to do on Saturday?

　　B:　Well, (　　　　　)

　　A:　I'm going to see a movie with Cathy. It is a very exciting action movie. Would you
　　　　like to join us?

　　B:　That sounds great!

　ア　I don't have any plans yet.　　イ　I want to see an action movie with you.

　ウ　I'm going to see a movie, too.　　エ　Sorry, but I will be busy on Saturday.

8　次の1～5が最も自然な会話になるように，空所に入る適切なものをア～エから1つ選んで，その符号を書きなさい。1 (　　　) 2 (　　　) 3 (　　　) 4 (　　　) 5 (　　　)　(仁川学院高)

1　*Mari:*　Cathy, are you going to the post office?

　　Cathy:　Yes, I am.

　　Mari:　(　　　　　)

　　Cathy:　No problem.

　ア　Where is the post office?　　イ　Can you buy me some postcards there?

　ウ　When will you be home?　　エ　Do you often send letters?

2　*Risa:*　(　　　　　)

　　Beth:　Because I have just finished my homework!

　　Risa:　That's great. And what are you going to do now?

　　Beth:　I'm thinking of going to a pizza restaurant.

　ア　Why are you at home?　　イ　Why don't you come home?

　ウ　Why can't you help us?　　エ　Why are you so happy?

3　*James:*　　I took a trip to Nagoya last weekend.

　　Yukiko:　Sounds nice! How was it?

　　James:　（　　　　　　）

　ア　I took a train.　　イ　It was great.　　ウ　With my friends.

　エ　It took about three hours.

4　*Bob:*　　　My father bought this computer for me on my birthday.

　　Cindy:　Really? I want my own computer because I don't have one.

　　Bob:　　　You can come and use mine when you want to use it.

　　Cindy:　（　　　　　）

　ア　You are very kind.　　イ　Did you buy it for me?　　ウ　Yesterday I bought it.

　エ　Thanks. I will buy it.

5　*Tom:*　　Hello. This is Tom. May I speak to Wako?

　　Amy:　I'm sorry, but he's not here right now. （　　　　　　）

　　Tom:　No, thank you. I'll call back later.

　ア　May I leave a message?　　イ　Shall I take a message?

　ウ　Would you take a message?　　エ　Do you want a message?

9　次の会話文を読んで，（　　）に入る最も適切なものを1つ選び，記号で答えなさい。

　(1)（　　　）　(2)（　　　）　(3)（　　　）　　　　　　　　　　　　　　　（奈良育英高）

(1)　A：　I can't go to the movies this Sunday.

　　B：　Why not? I was looking forward to going out with you.

　　A：　I am sorry, but I have to visit my grandmother in Hokkaido.

　　B：　（　　　　　）

　ア　Oh, I see. Maybe next time.　　イ　That's true. I have known your plan.

　ウ　Really? Do you want to go with her?　　エ　I'm glad we can go together.

(2)　A：　You should exercise more.

　　B：　I know but I don't have enough time.

　　A：　Well, I get up at five every morning to jog in the park.

　　B：　（　　　　　）

　ア　Me too. Let's practice together at school.　　イ　Really? I will try to get up early, too.

　ウ　Let's find a good place to sleep.　　エ　You are right. We should sleep more.

(3)　A：　Are you enjoying your dinner?

　　B：　Yes, very much.

　　A：　（　　　　　）

　　B：　Yes, please. That's my favorite.

　ア　Would you like some more fish?　　イ　Please help yourself.

　ウ　Shall I take an order?　　エ　Can I enjoy dinner with you?

10 次の会話の（　　）内に入れるのに最も適切なものを あ～え より1つずつ選び，記号で答えなさ
い。(1)(　　)　(2)(　　)　(3)(　　)　(4)(　　)　(5)(　　)　　　　　　　　　　　(桃山学院高)

(1)　A ：　Next please. Can you show me your passport?

　　　B ：　Of course. Here you are.

　　　A ：　What is the purpose of your visit?

　　　B ：　（　　　　　　）

　　　A ：　How long are you going to stay in this country?

　　　B ：　For five days.

　　　A ：　Okay, have a nice vacation.

　　あ　To take the test.　　い　On business.　　う　To study abroad.　　え　Sightseeing.

(2)　A ：　What time will the movie start?

　　　B ：　It'll start at 5:00 pm.

　　　A ：　How long does it take for us to get to the theater?

　　　B ：　It takes 45 minutes on foot. We have to be there 10 minutes before the movie starts.

　　　A ：　I see. （　　　　　　）

　　あ　Let's leave home at 4:05 pm.　　い　Let's leave home at 4:15 pm.

　　う　Let's leave home at 4:25 pm.　　え　Let's leave home at 4:45 pm.

(3)　A ：　Our graduation ceremony is coming next month.

　　　B ：　（　　　　　　）

　　　A ：　Yes, I think so, too.

　　　B ：　We will talk about the same thing three years later.

　　　A ：　Yes, we will. That sounds funny.

　　あ　Let it be.　　い　Time flies.　　う　Let it go.　　え　Time is money.

(4)　A ：　Hello, this is Momoyama-Gakuin High school. May I talk to Mr. Warren?

　　　B ：　I'm sorry, he is not at home now. （　　　　　　）

　　　A ：　Thank you, but no thanks. I'll call him back tomorrow.

　　　B ：　Alright. I'll tell him that you called.

　　　A ：　Thank you.

　　あ　Shall I take a message?　　い　Shall I call you?　　う　Shall I cut your hair?

　　え　Shall I show you his picture?

(5)　A ：　Excuse me, ma'am, but look at the sign on the wall.

　　　B ：　Excuse me? Oh it says （　　　　　　）.

　　　A ：　Put your camera in your bag, please.

　　　B ：　Yes, I'll do that right now. Thank you for the advice.

　　　A ：　That's okay. Please enjoy the works here.

　　あ　"Keep silent"　　い　"No photographs"　　う　"Do not run"

　　え　"Speak more slowly"

6 会 話 文

1 次の会話文を読み，（　）内に入る適切な英語を，ア〜ケより選び記号で答えなさい。

　　1（　　　）　2（　　　）　3（　　　）　4（　　　）　5（　　　）　　　　　（大阪商大堺高）

A： Hello. （　　1　　）

B： Yes. I'm looking for a place to visit.

A： Well. I think you should visit USJ. （　　2　　）

B： Thank you. I'll go there.

A： You are welcome. By the way, I have a question. （　　3　　）

B： Australia. Have you ever been to Australia?

A： No, I haven't. I want to go there in the future.

B： Really? Your English is very good.

A： Thank you. （　　4　　） I want to be an English teacher.

B： Oh. I'm an English teacher in Australia. I'm sure you will be a good teacher.

A： Thank you. （　　5　　）

　ア．May I help you?　　イ．What's your name?　　ウ．I study English very hard.

　エ．Have a good day.　　オ．Where are you from?　　カ．It's very famous.

　キ．I beg your pardon?　　ク．I'm not good at studying English.

　ケ．It's very dangerous.

2 次の会話文を読んで，　1　〜　3　に入る最も適切な文を①〜④から選びなさい。

　　1（　　　）　2（　　　）　3（　　　）　　　　　　　　　　　　（大阪夕陽丘学園高）

Server (S)[1]　　　： Welcome to OYG Restaurant. May I take your order?

Customer (C)[2]： The chicken curry looks very good. 　1　

S： It is great. There's chicken, potatoes[3], carrots[4], and onions[5].

C： Oh. I don't like carrots. Can I have it without them?

S： 　2　

C： All right. I'll have a cheese pizza.

S： OK. Would you like anything to drink?

C： 　3　

S： Sure. What size would you like?

C： Large, please.

S： OK. Can I get you anything else?

C： No, that's everything.

S： OK. I'll be right back.

語注：*¹server　店員　　*²customer　客　　*³potato(es)　じゃがいも　　*⁴carrot(s)　にんじん
　　　　*⁵onion(s)　玉ねぎ

1．① What's in it?　　② Does it come with a drink?　　③ I'll have it.

　　④ Is it a big size?

2．① Of course. That's no problem.　　② I can give you more carrots.

　　③ I'm sorry. We made the curry already.　　④ You should try the carrots.

3．① What kind of drinks do you have?　　② What size drinks do you have?

　　③ Can I have some time to think about it?　　④ Can I have a cola?

3 　次の対話文の空所（ 1 ）～（ 5 ）に入れるのに最も適切なものを，ア～エからそれぞれ 1 つずつ
選び，記号で答えなさい。　　　　　　　　　　　　　　　　　　　　　　　　　　　（東山高）

～Masaru はおすすめのラーメン屋に Chris を連れて行きました。

2 人はラーメンを食べ終えました。～

Chris　　：　That was fantastic.

Masaru：　（ 1　　　　）

Chris　　：　Hey,（ 2　　　　）. Can I get another bowl?

Masaru：　Go ahead.

Chris　　：　I'll go and buy another ticket.

Masaru：　Just a second. You had *tonkotsu.*

Chris　　：　Yeah. Why?

Masaru：　Then you can get a "*kae-dama.*"

Chris　　：　A *kae-dama*?

Masaru：　Mm-hmm. It's like seconds. They put another（ 3　　　　）of noodles in your soup.
　　　　　　It's just 100 yen!

Chris　　：　（ 4　　　　）

～替え玉（追加の麺）を注文しました。～

Chris　　：　Thank you so much.

Masaru：　（ 5　　　　）

⑴　ア．I'm talking with you.　　イ．I'm afraid you can't.　　ウ．I'm sorry to hear that.

　　エ．I'm glad you like it.

⑵　ア．I ate too much　　イ．I'm still hungry　　ウ．I've had enough

　　エ．I can't eat any more

⑶　ア．dining　　イ．drinking　　ウ．eating　　エ．serving

⑷　ア．Tasty!　　イ．Too bad!　　ウ．Great!　　エ．Terrible!

⑸　ア．I'm always here to help.　　イ．How can I help you?　　ウ．Please help yourself.

　　エ．I can't help it.

4 　次のチラシを参考にして，次の対話文の（ 1 ）～（ 4 ）に入る最も適切な英語を 1 語書きなさい。ただし，<u>本文中にない語とします</u>。また，（ A ）には後の □ 内の語から 4 語を選んで正しく並べ，英文を完成させなさい。なお，数を答える場合は，アルファベットではなく<u>数字で答えること</u>。（*の語句には注が付いています）

（須磨学園高—改題）

(1)(　　　　)　(2)(　　　　)　(3)(　　　　)　(4)(　　　　)

(A) ～ because you (　　　　　　　　　　　　　　　　　　　　　　　) do it.

（須磨牧場に来ている母（A）とその 5 歳の子ども（B）がチラシを見ながら話をしている。）

A： What do you want to try?

B： I want to try *milking a cow, riding a horse, and making butter.

A： You can't try making butter because it's Wednesday today. It's only on the (1).

B： Oh, you are right.

A： Also, you can't ride a horse because you (A) do it.

B： Really? That's too bad.

A： Anyway, let's milk a cow in the morning. What will you do in the afternoon?

B： Well. I'm interested in making ice cream. We can (2) part in making ice cream from 13:00.

A： Sounds good. I want to try it, too. So, we have to pay (3) yen. Oh, we need to *sign up for milking a cow soon.

B： We don't have to hurry because there are not so many people here today.

A： No, the problem is not the number of people. It's 10:15 now, so we only have (4) minutes to sign up for it.

B： Oh, no! Let's hurry, Mom.

　　注 *milk a cow：牛の乳をしぼる　　*sign up for ～：～に申し込む

須磨牧場 体験コーナー

乳しぼり体験：	11：00 ～／15：00 ～（定員 30 名）	参加無料
乗馬体験：	12：30 ～ 14：00（定員 30 名）	500 円
ヨーグルト作り：	10：30 ～（定員 20 名）	800 円
アイスクリーム作り：	13：00 ～（定員 50 名）	1000 円
バター作り：	14：30 ～（定員 50 名）	500 円

※各体験コーナーは開始時間 30 分前までに受付でのお申し込みが
　必要です。
※金額は 1 名様分の表記です。
※乗馬体験は 6 歳からです。
※バター作りは土日のみです。

(A) | too　　aren't　　for　　are　　young　　to |

5 次の対話文は，日本の高校に通うケイ（Kei）とローザ（Rosa），ローザの母による電話での対話です。対話文の（ 1 ）～（ 6 ）に入るものとして最も適切なものはどれか，(ア)～(ク)から1つずつ選び，記号で答えなさい。ただし，同じ記号は2度以上使わないものとする。　　　　（京都府立桃山高）

(1)(　　　)　(2)(　　　)　(3)(　　　)　(4)(　　　)　(5)(　　　)　(6)(　　　)

Mother ： Hello?

Kei 　： Hello, Mrs. Baker. This is Kei. May I speak to Rosa, please?

Mother ： （　1　）

Kei 　： Thank you.

　　　〈one minute later〉

Rosa ： Hi Kei. This is Rosa.

Kei 　： Oh, hi. （　2　）

Rosa ： I'm just watching TV.

Kei 　： Really? （　3　）

Rosa ： I know. I'm watching a *re-run. It's not so good and I'm bored.

Kei 　： I see. Let's get together and do something.

Rosa ： I would like to, but I have to meet my grandfather and grandmother this evening for dinner. （　4　）

Kei 　： All right. Let's plan something for tomorrow.

Rosa ： （　5　）

Kei 　： I think it is going to be the same as today.

Rosa ： That's great. We can do something outside then.

Kei 　： （　6　）

Rosa ： Yes. I think there is a *brass band concert by the river tomorrow.

Kei 　： Oh, I heard about that, too.

Rosa ： What time will it start?

Kei 　： It will start at one p.m. Is it OK for you?

Rosa ： No problem.

Kei 　： Let's meet for lunch at eleven thirty, and after that, we can go there.

Rosa ： Perfect. See you tomorrow.

　　（注）re-run 再放送　　brass band 吹奏楽

(ア) How about tomorrow?　　(イ) What is the weather like tomorrow?

(ウ) Yes, of course. Why don't you call back to her?

(エ) There's nothing to watch right now.　　(オ) Sure. Just a minute.

(カ) Do you know we will have dinner together this evening?　　(キ) What are you doing?

(ク) Are there any special events to join tomorrow?

6 次の英文を読んで，あとの問いに答えなさい。

Mr. Sinaga ： Hello. How are you?

Mr. Tanaka ： I'm fine. How are you?

Mr. Sinaga ： I'm fine, too, thank you. I ate *natto* for the first time this morning.

Mr. Tanaka ： That's my favorite food. Did you like it?

Mr. Sinaga ： Yes. It was good.

Mr. Tanaka ： Oh, really? My foreign friends don't like it because it smells bad.

Mr. Sinaga ： It's made from *soybeans, right?

Mr. Tanaka ： (①). Soybeans have a lot of protein and are very healthy.

Mr. Sinaga ： *Natto* is like Indonesia's *tempeh*.

Mr. Tanaka ： *Tempeh*? What's that?

Mr. Sinaga ： It's a popular food in my country. It's also made from (②) like *natto*, and the taste is like *natto*, too.

Mr. Tanaka ： (③). I didn't think there was a food like *natto* in your country.

Mr. Sinaga ： Some countries near Indonesia have foods like *tempeh*, too.

Mr. Tanaka ： Is that so? Tell me more about *tempeh*.

Mr. Sinaga ： (④). I have some *tempeh* at my house. Will you come to my house and eat it?

Mr. Tanaka ： (⑤)! When can I visit you?

Mr. Sinaga ： (⑥) (⑦) this Saturday afternoon?

Mr. Tanaka ： OK.

Mr. Sinaga ： Good! I hope you will like *tempeh*.

　　(注) *soybeans　大豆

1　納豆とテンペの共通点について次の（ あ ）・（ い ）に入る適切な日本語を書きなさい。

　　あ(　　　)　い(　　　)

　（ あ ）が原料　　（ い ）がきつい

2　（ ① ）・（ ③ ）・（ ④ ）・（ ⑤)に入る適切な語を次の あ～お からそれぞれ1つずつ選んで，その符号を書きなさい。①(　　　) ③(　　　) ④(　　　) ⑤(　　　)

　あ　Sure　　い　Great　　う　That's interesting　　え　Yes　　お　No

3　（ ② ）に入る適切な語を文中から1語抜き出して書きなさい。(　　　)

4　（ ⑥ ）（ ⑦ ）に「土曜日の午後はどうですか。」という意味になるように適切な語をそれぞれ1語で書きなさい。⑥(　　　) ⑦(　　　)

7 次の英文を読み，問いに答えなさい。

Takashi ： Hi, Jack. Why don't we go to the mountain this weekend?

Jack ： Ummm... I'm sorry. I don't like it because (A)

Takashi ： Don't worry about it. This mountain is so high. There are not so many *insects there.

Jack　　：　OK. I'll go.

Takashi：　Sounds good. It is a little cold at the top of the mountain.

Jack　　：　OK. （　　1　　）

Takashi：　It is about 20℃ in summer. It is much cooler than the ground.

Jack　　：　（　　2　　）

Takashi：　Of course, we can. There is a good restaurant. （　　3　　）

Jack　　：　That's wonderful! We can enjoy good food and a view.

Takashi：　（　　4　　）

Jack　　：　Sunday is good for me. I'm looking forward to going to the mountain.

　　*insects　虫

問１　（　１　）〜（　４　）に入れるのにもっとも適当なものを次の中から選び，記号で答えなさい。

　　1 （　　　　）　2 （　　　　）　3 （　　　　）　4 （　　　　）

　ア　Can you enjoy jogging?　　イ　Can we eat lunch there?

　ウ　What week is good for you?　　エ　I will take my jacket.

　オ　Which day is good for you?　　カ　You can play soccer there.

　キ　You can see Lake Biwa from the restaurant.　　ク　I will take books there.

問２　前後の文脈を考え，（　Ａ　）に入る適切な英文を完成させなさい。

　　（　　　　　　　　　　　　　　　　　　　　　　　　　　　　　　　　　　　　　　）

8　ヒロキとスージーの会話文を読んで，あとの問いに答えなさい。　　　　　　　（東大阪大柏原高）

Hiroki：　I have to make a （　1　） about Japanese culture next ①＿＿＿ English class.

Susie ：　＿＿＿Ａ＿＿＿. Japan has a lot of cultures!

Hiroki：　Please （　2　） me your most interesting Japanese culture?

Susie ：　＿＿＿Ｂ＿＿＿, it is KARAOKE! I like to （　3　） J-POP! I learned Japanese language

　　　　　from it.

Hiroki：　KARAOKE? Is it a Japanese culture?

Susie ：　Yes, it is. It ②［ア．of　　イ．Japanese cultures　　ウ．is　　エ．the famous

　　　　　オ．one］.

Hiroki：　I don't know that. I'll （　4　） to the city library to borrow a book about Japanese

　　　　　cultures. Thanks.

Susie ：　＿＿＿Ｃ＿＿＿. Good luck!

問１　文中の（　1　）〜（　4　）に入る適切な語を選び，その記号を書きなさい。（注：記号は１度しか

　　使えません）(1)(　　　　) (2)(　　　　) (3)(　　　　) (4)(　　　　)

　ア．sing　　イ．come　　ウ．go　　エ．speech　　オ．playing　　カ．tell

問２　文中の下線部Ａ〜Ｃに入る適切な英文を選び，その記号を書きなさい。

　　Ａ（　　　　）　Ｂ（　　　　）　Ｃ（　　　　）

ア．Of course　　イ．Have a nice day　　ウ．That sounds good　　エ．You're welcome

問3　文中の下線部①には「月曜日」という単語が入ります。英語で書きなさい。（　　　　）

問4　「それは有名な日本文化の1つです。」という日本語の意味になるように，文中②［　　　］内の語を正しく並べかえて，その記号を順に（　　　）内に書きなさい。

　　　（　　　）⇒（　　　）⇒（　　　）⇒（　　　）⇒（　　　）

9　次の対話文を読んであとの問いに答えなさい。ただし，＊印がついた語は（注）を参照しなさい。

（東大阪大敬愛高）

Two students are looking for something interesting on the Internet.

Kevin：　（　①　）did you find?

Maki　：　I found a lot of interesting information about *janken. Janken is（　②　）all over the world.

Kevin：　Yes, I know. In America, people call it Rock-Paper-Scissors. The rule is the（　③　）janken in Japan.

Maki　：　Do you know about janken in France?

Kevin：　No, （　④　）. Tell me about the differences.

Maki　：　Well, in France people play with four things: "stone," "well," "leaf," and "scissors." Look at this.

Kevin：　Wow, it's a little difficult.

Maki　：　Then, how about janken in Indonesia?　People play with three things.　The three things are "human," "*ant," and "elephant."　The elephant *beats the human, the human beats the ant, and the ant beats the elephant!

Kevin：　That sounds funny but interesting.

　　（注）　janken：じゃんけん　　ant：アリ　　beats：勝つ

問1　本文中の次の語で，最も強く発音する部分を1つずつ選び，記号で答えなさい。

　(1) in-for-ma-tion （　　　）　(2) in-ter-est-ing （　　　）
　　　 ア　イ　ウ　エ　　　　　　　 ア　イ　ウ　エ

問2　空欄①に入る最も適当な語を1つ選び，記号で答えなさい。（　　　　）

　ア．What　　イ．Which　　ウ．Whose　　エ．Why

問3　空欄②に「有名な」という意味になるように1語で答えなさい。（　　　　）

問4　（　③　）に「～と同じ」という意味である適切なものを選び，記号で答えなさい。（　　　）

　ア．same of　　イ．same from　　ウ．same up　　エ．same as

問5　空欄④に入る適切な語を2語で答えなさい。（　　　　）（　　　　）

問6　じゃんけんについて，4つのもので対戦する国を1つ選び記号で答えなさい。（　　　　）

　ア．France　　イ．Japan　　ウ．America　　エ．Indonesia

問7　インドネシアのじゃんけんで象に勝つものを本文中より1語で抜き出し答えなさい。

（　　　　）

10　日本の高校生の剛（Takeshi）とオーストラリアからの留学生エミリー（Emily）が，吹奏楽部の演奏が行われるコウセン公園へ行くために，駅の改札のそばで地図を見ながら話しています。地図と会話文を参考に，後の各問いに答えなさい。なお，地図中の◎印は駅の改札，○印は2人が話している場所，◆印は信号機のある交差点を示しています。＊印の語句には後に注があります。

（光泉カトリック高）

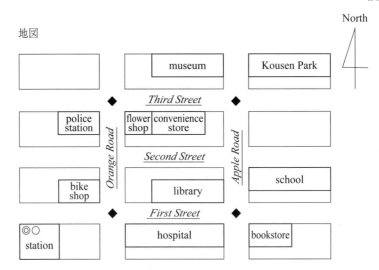

Takeshi :　Are you interested in music?

Emily　 :　Yes, I am. My father teaches music at a university and my mother is a singer. So I started a piano lesson when I was three years old. I want to be a *professional pianist in the future.

Takeshi :　Oh, that's great.

Emily　 :　What is the best way to get to Kousen Park, Takeshi?

Takeshi :　Now, we are here. Before we go to the park, I think we should get something for lunch. I didn't eat breakfast this （　①　）. So I'm very hungry.

Emily　 :　Is there a convenience store on the way?

Takeshi :　Yes, there is a convenience store *next to the （　②　）.

Emily　 :　OK, that sounds great.

Takeshi :　First we should go *east on First Street and turn left at the first *traffic light. Then we'll go north on Orange Road until we get to the next traffic light and turn （　③　）.

Emily　 :　Oh! I see the convenience store. Let's buy some lunch there.

Takeshi :　After we leave the store, let's turn right.

Emily　 :　OK. Let's go.

Takeshi :　We will go east on Third Street and turn （　④　） at the next traffic light. The park is on the right in front of the （　⑤　）. *By the way, what kind of music will the *wind band play?

Emily ： They'll play both *classical and pop music.

Takeshi： Oh, I love pop music. So I can't wait.

【注】 professional pianist：プロのピアニスト　　next to ～：～のとなりに　　east：東に

traffic light：信号機　　By the way：ところで　　wind band：吹奏楽部

classical and pop music：クラシック音楽とポップス

問1　（ ① ）〜（ ⑤ ）のそれぞれに地図と会話文の内容に合う英語の語句を書きなさい。

①(　　　)　②(　　　)　③(　　　)　④(　　　)　⑤(　　　)

問2　次の i 〜iii の文のそれぞれが地図や会話文の内容と一致していれば○を，一致していなけれ

ば×を書きなさい。

i　Takeshi tells Emily about the music of the band. (　　　)

ii　On the way to Kousen Park, they will see the police station on their left. (　　　)

iii　Emily is the singer in the band. (　　　)

11　次の英文を読んで，あとの問いに答えなさい。会話の場面は「英語授業中の教室」である。な

お，*印のついた表現は後に注がある。(T：先生，S：生徒)　　　　　　　　　（奈良文化高）

T： Put your things away now, and we'll begin the quiz. Is everyone ready? All right. Let's

begin.

S： (1)we / much / time / have / how / can?

T： You have five minutes to answer the questions.

T： Did you finish it? OK. I'll give you the next worksheet. (2)going / tell / I / am / you /

to / the next story with pictures. Please listen carefully and try to get the main points.

(*Teacher reads the story.*)

T： We don't have much time now. Are you ready to give the sheets back? Could you please

*look them over before you pass it back? ... Time is up.

S： I've tried this question, but I still can't get the answer.

T： I'll give a small hint later. You can try it again at home.

S： Thank you very much! Tonight, (3)I will.

T： Now, for homework, read pages 29 to 30, and answer the questions. I'll give you a test

next week.

S： Excuse me, I couldn't come to school (4)I / a / because / had / cold last week. So, I

didn't read the pages.

T： Come and see me at three o'clock. I'll help you then.

注　*look ～ over：～をざっと見る

(1)　本文中の下線部(1)を並べ替えて，『私たちにはどれくらいの時間がありますか』という意味の英

語にしなさい。ただし，文頭に来る単語も小文字で書かれている。

(　　　　　　　　　　　　　　　　　　　　　　　　　　　　　　　)

(2) 本文中の下線部(2)を並べ替えて,『私はあなたたちに次のお話を話しますよ』という意味の英語にしなさい。

(　　　　　　　　　　　　　　　　　　　　　　　　　　　　　　　　　　　)

(3) 本文中の下線部(3) I will の後には省略されている言葉があります。本文中から五語で抜き出しなさい。なお,コンマ・ピリオドなどの符号は語数に含めない。

(　　　　　　　　　　　　　　　　　　　　　　　　　　　　　　　　　　　)

(4) 本文中の下線部(4)を並べ替えて,『私は風邪をひいていたので』という意味の英語にしなさい。

(　　　　　　　　　　　　　　　　　　　　　　　　　　　　　　　　　　　)

12　オーストリア（Austria）の首都ウィーン（Vienna）から女子の短期留学生クリスティーナ（Christina）がイングランドの高校へ昼頃に着きました。その時,生徒の一人であるメアリーが話しかけました。次の会話文を読んで,後の問いに答えなさい。　　　　　（神戸国際大附高―改題）

Mary　　　　： G'day!

Christina： （　　①　　）

Mary　　　　： This is your hello, isn't it?

Christina： We say, "*Grüß Gott* (gr-you-s got)!" for hello. We speak German.

Mary　　　　： Do people speak German in Australia?

Christina： I'm not from Australia.

Mary　　　　： （　　②　　）

Christina： I'm from Vienna, Austria.

Mary　　　　： （　　③　　） Maybe I didn't listen to our teacher carefully. Well, I ate lunch. Did you?

Christina： Yes. (4) I have lunch eaten.

Mary　　　　： Great. Then, shall we have some tea? We still have some time before the next class begins.

Christina： I'd love to. I'll enjoy English tea.

　　　（*They are sitting and drinking some tea.*）

Mary　　　　： Oh, by the way, do German-speaking people usually say like that?

Christina： Like what?

Mary　　　　： "(4) I have lunch eaten."

Christina： Oh, yes! I often make this mistake. I should say, "(　　⑤　　)," right?

Mary　　　　： Amazing. You speak good English. So, how is Austra... Austria?

Christina： In 2020 we have many big events for *Beethoven*'s 250th birthday.

Mary　　　　： Sounds nice! Are there any places to visit?

Christina： Vienna. Beethoven was born in Germany, but he worked in Vienna for a long time. Also, look at my smartphone. You'll like this village, too.

　　　（*Mary finds the word "Heiligenblut."*）

Mary　　　：　Hey-li-jen-blat?

Christina：　⑥Oh, *Hei* sounds like *high*, *li* as in *listen*, *ge* as in *get*, and *blu* like *blue*.
　　　　　　Heiligenblut is a beautiful village in a high valley among higher mountains, with a
　　　　　　beautiful church in the center.

Mary　　　：　Wonderful. Oh, it's time to be back in class. Let's go.

　　※*Beethoven*：ベートーヴェン

問1．（ ① ）（ ② ）（ ③ ）の空欄に入る最も適切な文を次の中から1つずつ選び，記号で答えな
　　さい。ただし，同じ記号を2回以上使うことはできません。

　　①（　　　　） ②（　　　　） ③（　　　　）

　　ア．Oh, I see.　　イ．Where are you from, then?　　ウ．What did you say?

問2．下線部④の単語の並びは，英語としては間違っています。本来正しい語順が（ ⑤ ）に
　　入ります。正しく並べかえ，英文を完成させなさい。解答欄には（ ⑤ ）の部分のみ答えなさ
　　い。

　　（　　　　　　　　　　　　　　　　　　　　　　　　　　　　　　　　　）

問3．下線部⑥から判断される，Heiligenblut の読み方をカタカナで表した場合，最も近いと思わ
　　れるものを選び，記号で答えなさい。（　　　　）

　　ア．ヘイリジェンブラット　　イ．ヘイリゲンブラット　　ウ．ハイリゲンブルート

問4．次の各文が Mary と Christina の説明として正しければ○を，違っていれば×を解答欄に記
　　入しなさい。

　　1．Mary は最初，Christina のことをオーストラリア出身だと思っていた。（　　　　）

　　2．Mary も Christina も，すでに昼食を済ませていた。（　　　　）

　　3．Mary と Christina は対面後，立ち話のみですぐ教室へ向かった。（　　　　）

　　4．Christina の出身地では，ご当地生まれのベートーヴェンの生誕を記念している。（　　　　）

　　5．Christina のスマートフォンには，山間の美しい村の画像がある。（　　　　）

7 長文読解

1 あなたはフラワーアレンジメント教室の広告を読んでいます。次の問に答えなさい。

（大阪成蹊女高）

At Seikei Flower Park, everyone can learn to *arrange flowers.
Please check the information below.

Plan	Time / Day	*Fee
*Basic	10:00-12:00 Tuesdays only	$30
Birthday Arrangement	11:00-13:00 Weekends	$70

You can join by sending an e-mail to seikei-flower-park@s-osaka.ac.jp.

Notice:
–An *individual lesson will cost an *additional $20.
　Individual lessons will only be held on weekends.
–We will be closed from December 20th to January 7th.
For more information, please call us or visit us.
　number: 555-9013　　address: 1-23-4 Seikei, Aikawa-cho, Osaka Japan

arrange：　～をいける／アレンジする　　fee：費用　　basic：基本の
individual：個人の　　additional：追加の

問　下線部に入るものとして適当なものを選択肢あ～うより選び，記号で答えなさい。

(1) You want to join Birthday Arrangement plan on Saturday. What time does the lesson start?

　—It starts at _____.

　あ　10:00　　い　11:00　　う　13:00

(2) How can people join?

　—They can _____.

　あ　visit the park　　い　call their number　　う　send an e-mail

(3) Who can take lessons?

　—_____.

　あ　Children　　い　Adult only　　う　Everyone

2 次の掲示の内容について，1〜4の質問に対する答えとしてもっとも適切なものを①〜④の中から
1つ選び，番号で答えなさい。 （平安女学院高）

THE TANABATA STAR FESTIVAL

Join us for an exciting day

on Saturday, July 7th!

〈PLACE〉

St. Agnes' Center on Kawahori Road.

〈EVENT PROGRAM〉

No.1   Fun *Origami* Class（30 min.）

Time：11:00, 13:00, 15:00

Place：1F Lobby

No.2   *TANZAKU* Making（45 min.）

You can learn all about the festival and make a wish on a *TANZAKU*.

Time：10:00, 12:00, 14:00

Place：2F Agnes' Hall

No.3   Tanabata Music Show（40 min.）

Time：12:00, 13:00

Place：3F Room 301

No.4   Making Summer Greeting Cards（30 min.）

Time：10:30, 11:30, 13:30

Place：3F Room 302

〈TICKETS〉

ADULTS…\$5   CHILDREN (5-12)…\$2

CHILDREN 4 & UNDER…FREE

More information about the festival is at www.stagnes.com

---

1   What is the poster for? （   ）

①   A library.   ②   A museum.   ③   An event.   ④   A new shop.

2   What can't you do at this festival? （   ）

①   Learn about the Star Festival.   ②   Make an original T-shirt.   ③   Make *origami*.

④   Make greeting cards.

3   You arrive at 14:00. What can you do? （   ）

①   No.1 and No.2.   ②   No.2 and No.3.   ③   No.3 and No.4.   ④   No.1 and No.4.

4   You are a 15-year-old student and want to enjoy the Tanabata Star Festival with your
mother. How much will you pay? （   ）

①   \$5.00.   ②   \$7.00.   ③   \$9.00.   ④   \$10.00.

③　次の英文を読んで，後の問いに答えなさい。　　　　　　　　　　　　　　　（大阪商大堺高）

Young Sister Teresa did not know much English, ［①］ she was a good student. She was friendly too and she often smiled. She was very happy there. After two years, her English was good, ［②］ she started to teach children in the nuns' school.[*1]

Then she moved to one of the Loreto nuns' schools in Calcutta. Its name was Loreto Entally, a big school for girls. Many of the girls were from poor families.

The school days started early in the morning, but the nuns' days started ③before that. Every morning, the nuns prayed[*2] for a long time. Then they worked in the school in the morning and the afternoon. They worked in the evening too, because many of the girls lived at the school. After a long days, they prayed again and then went to bed.

The nuns did not have holidays. They did not listen to music or go shopping. They did not see their families. But they were happy because they lived for God. They were happy and strong all day because they remembered ④His love every morning.

Sister Teresa liked teaching, and she was good at it. She was a teacher at Loreto Entally for twelve years, and then, from 1944, she was the head teacher for four years.

[*1] the nuns' school：修道女（nuns）が教師を務める学校　　　[*2] pray：祈る

問1　本文中①～②に入る語を次の中から選びなさい。同じものを何度使用してもよい。
　　①（　　　）　②（　　　）

　and / but

問2　下線部③の指すものを，ア～エより１つ選び記号で答えなさい。（　　　）

　ア．夜明け前　　イ．学校が始まる前　　ウ．学校が終わる前　　エ．日没前

問3　本文中にある修道女の一日について，本文中に書かれている順番に記号で並べかえなさい。
　　　　　　　　　　　　　　　　　　　　　　　　　　　（　　→　　→　　→　　）

　ア．祈りを捧げ，眠りにつく。　　　　　　　　　　イ．長い時間をかけて祈りを捧げる。
　ウ．学校で暮らしている女子生徒のために働く。　　エ．学校で働く。

問4　下線部④の指す語として最も適切と思われるものを，ア～エより１つ選び記号で答えなさい。
　　　　　　　　　　　　　　　　　　　　　　　　　　　　　　　　　　　　（　　　）

　ア．Sister Teresa　　イ．Loreto Entally　　ウ．the nuns' school　　エ．God

問5　Sister Teresa が head teacher を務めたのはいつまでか，数字で答えなさい。（　　　年）

問6　本文の内容と一致するものには「Ｔ」，一致しないものには「Ｆ」と答えなさい。

　１．テレサは学校で幸せだった。（　　　）

　２．テレサの英語力は３年間で上達した。（　　　）

　３．修道女は家族に会うことができず，つらい日々を過ごした。（　　　）

　４．テレサは教師としての素質に恵まれていた。（　　　）

4 次の英文を読んで，以下の問いに答えなさい。 （太成学院大高）

　　Many people like different colors. Their favorite colors usually aren't the same. In many cultures, colors have different meanings.

　　For example, take the color blue. To Australians, blue is not a happy color. Sometimes ①they say, "I feel blue," when they don't feel happy. In France, blue means a feeling of surprise. How （ A ） white? To Australians and Japanese, white means something clean. So, at weddings in Australia and Japan, women's dresses are usually white. To Koreans, white is a sad color. At Korean weddings, women usually wear *bright colors. In China, they wear white when someone dies. Then, how （ A ） black? Australians and Japanese wear black when someone dies. ②They also wear black at weddings. But people in Indonesia never ③do so because black means bad *luck.

　　④Some colors are happy, others are sad. Some colors are lucky, ⑤others are not. What is your favorite color?

　　（注） *bright：明るい　　*luck：運

問1　下線部①they は何を指していますか。最も適切なものを次のア〜エの中から1つ選び，記号で答えなさい。（　　　）

　ア　Americans　　イ　Koreans　　ウ　Australians　　エ　Japanese

問2　下線部②They は何を指していますか。最も適切なものを次のア〜エの中から1つ選び，記号で答えなさい。（　　　）

　ア　Indian and Korean people　　イ　Japanese and Australian people

　ウ　Australian and French people　　エ　Australian and Korean people

問3　本文中の（ A ）に入れるのに最も適切なものを次のア〜エの中から1つ選び，記号で答えなさい。（　　　）

　ア　often　　イ　many　　ウ　long　　エ　about

問4　下線部③について，この内容を具体的に説明した時，最も適切なものを次のア〜エの中から1つ選び，記号で答えなさい。（　　　）

　ア　結婚式で白い服を着る　　イ　結婚式で青い服を着る　　ウ　結婚式で黒い服を着る

　エ　結婚式をしない

問5　下線部④の英文を日本語に訳す時，最も適切なものを次のア〜ウの中から1つ選び，記号で答えなさい。（　　　）

　ア　色の中にはうれしさを意味するものもあれば，悲しみを表すものもある。

　イ　色の中にはうれしさを意味するものは少なく，悲しみを表すものが多い。

　ウ　色の中にはうれしさを意味するものが多く，悲しみを表すものが少ない。

問6　下線部⑤について，not の後に省略されている一語を，本文中から選び答えなさい。（　　　）

⑤　次の広告を読んで，以下の質問に対する最も適切な答えをそれぞれ1つ選びなさい。[＊印のついた語句は注を参照しなさい。]　　　　　　　　　　　　　　　　　　（常翔学園高）

Reiwa BEACH CAFÉ

Reiwa BEACH CAFÉ is a nice café with the best coffee and hot dogs on the West Coast.

*COUPON TICKET

We offer coupon tickets. A book of tickets costs as much as 10 cups of coffee. You can drink 11 cups with these tickets.

・Coupon Tickets（for 11 cups）　$22

POINTS PROGRAM

Would you like to receive our special service? If you would, please get a member's card. Show your card when you use our café. We'll give you one point *per $3 spent. If you get 20 points, we'll give you one hot dog for free. You can use your card for six months.

FREE *INTERNET ACCESS

You can enjoy high-speed Internet access with almost every PC or smartphone. *In order to start to use it, you only have to follow the steps below：

1．Select the network：*reiwabeach-free.*

2．Open the Internet *browser. *The login page will be displayed.

3．Check the box after reading the *terms of use, then *click or tap "Login."

You can use the Internet three times in a day, for two hours each time.

（注）　COUPON TICKET：クーポン券　　per $3 spent：ご利用3ドルにつき

INTERNET ACCESS：インターネットの利用　　In order to *do*：〜するために

browser：閲覧ソフト◆インターネットでホームページを見ることができるようにするソフト

The login page will be displayed.：ログイン画面が表示されます。　　terms of use：利用規約

click or tap 〜：〜をクリックするかタップする

1．How much is a cup of coffee?（　　　）

　a．$1.00　　b．$2.00　　c．$2.20

2．Which is true about the member's card?（　　　）

　a．If you buy two cups of coffee, you get a free hot dog.

　b．If you spend $3 at one time, you get one point.

　c．If you show your member's card, you can use the Internet for free.

3．How long can you use the free Internet service?（　　　）

　a．For up to six hours in a day.　　　b．For up to two hours in a day.

　c．For up to two hours in three days.

6 英文を読んで，以下の問に答えなさい。 （天理高）

Mr Jones had a few day's holiday, so he said, 'I'm going to go to the mountains by train.' He *put on his best clothes, took a small bag, went to the station and *got into the train. He had a beautiful hat, and (1)he often put his head out of the window during the trip and looked at the mountains. But the wind *pulled his hat off.

(2)Mr Jones quickly took his old bag and threw that out of the window too.

The other people in the *carriage laughed. 'Is your bag going to bring your beautiful hat back?' they asked.

'No,' Mr Jones answered, 'but there's no name and no address in my hat, and there's a name and an address on the bag. Someone's going to find both of them near each other, and he's going to send me the bag *and* the hat.'

（出典：*Introductory Steps to Understanding.* Oxford University Press）

（注）　put on：着る　　get into：〜に乗り込む　　pull 〜 off：〜をはぎ取る　　carriage：車両

1．下線部(1)の結果，どのようなことが起こったか，以下の英文の（　　）に入る適切な語をそれぞれ本文中から抜き出しなさい。

His（　　）was pulled off by the（　　）.

2．下線部(2)について，このような行動をとった理由を説明する以下の英文の（ A ）―（ E ）に入る適切な語をそれぞれ本文中から抜き出しなさい。なお，同じ記号には同じ語が入ります。

(A)（　　）　(B)（　　）　(C)（　　）　(D)（　　）　(E)（　　）

His（ A ）and（ B ）were written on his（ C ）. He thought, "If the（ C ）and the（ D ）are near each other, someone may（ E ）them to me."

3．Mr Jones について，本文の内容と合う英文を１つ選び，記号で答えなさい。（　　）

ア．He went climbing the mountain by train.　　イ．He saw the mountains during the trip.
ウ．He tried to throw his bag.　　エ．His bag is going to bring his hat back.

7 次の英文はある新聞記事の冒頭部分である。英文を読んで，あとの問いに答えなさい。

（関西大学北陽高―改題）

【a / a / big / is / losing / wallet】 trouble. *Cashless payments through smartphones or *prepaid IC cards become popular, but many people still carry bank cards and *ID cards on their own. Losing a wallet somewhere might lead to the situation without a way of paying for a few hours. It could also mean *cancelling your cards and making new ones. But you will have more chances to meet your *belongings again in Tokyo.

As a（ ① ）is fast approaching 14 million people, millions of items go missing in Tokyo every year. But many of them find their way home. In 2018, over 545,000 ID cards were returned to their owners by *Tokyo Metropolitan Police — 73% of the total number of *lost IDs. （ ② ）, 130,000 mobile phones（83%）and 240,000 wallets（65%）found their way back. Often these items were returned on the same day.

"When I was living in San Francisco, I remember a news story about someone in Chinatown. He lost his wallet and someone else *handed it in to the police," says Kazuko Behrens, a *psychologist from *SUNY Polytechnic Institute, New York. Because the story was a *rare case, the finder was interviewed on the local news channel and given the title "Honest Man." Such acts of honesty aren't so special in Behrens's home country, Japan. "For Japanese people, it is like, 'Yeah! Of course they would hand it in.' It has become more rare if you don't hand in a wallet. That would be a real surprise."

This kind of ③integrity is shared by many Japanese people, but this doesn't probably come from the finder's *fee or the right to *claim the *lost property for themselves. ④In fact, even though 156,000 mobile phones were brought to the police last year, nobody tried to get any of them.

【注】 *cashless payments　現金を用いない支払い　　*prepaid　プリペイド型の

　　　*ID cards　身分証　　*cancelling　破棄すること　　*belongings　所持品

　　　*Tokyo Metropolitan Police　警視庁　　*lost　行方不明の，lose の過去形

　　　*handed ～ in　～を届け出た　　*psychologist　心理学者

　　　*SUNY Polytechnic Institute　ニューヨーク州立工科大学　　*rare　珍しい

　　　*fee　謝礼金　　*claim　請求する　　*lost property　遺失物

問1　本文の内容に合うように，【　　】の語を並べかえ，英文を完成させなさい。ただし，文頭にくる語も小文字にしている。

　　（　　　　　　　　　　　　　　　　　　　　　　　　　　　　　　　　　　　） trouble.

問2　本文中の（　①　）に入る適切な語をア～エから1つ選び，記号で答えなさい。（　　　　）

　ア．police　　イ．traveler　　ウ．money　　エ．population

問3　本文中の（　②　）に入る適切な語句をア～エから1つ選び，記号で答えなさい。（　　　　）

　ア．However　　イ．In addition　　ウ．For example　　エ．At last

問4　下線部③と同じ意味になる語をア～エから1つ選び，記号で答えなさい。（　　　　）

　ア．honesty　　イ．technology　　ウ．surprise　　エ．history

問5　下線部④を日本語で表すとき，（　　）に入る適切な日本語を答えなさい。

　　「実際，昨年度には 15 万 6000 台の携帯電話が（　　　　　　　　　　　　　　　　　　　）にも関わらず，それらをもらおうとする（　　　　　　　　　　　　　　　　　　　）。」

問6　次の本文に関する問いの答えになるように，（　　）に入る適切な語を答えなさい。

　1．What might happen if you drop your wallet somewhere?

　　—You might lose a way（　　　　）（　　　　）for several hours.

　2．In Tokyo, are lost properties often returned to their owners in one day?

　　—（　　　　），（　　　　）（　　　　）.

　3．Why was the "Honest Man" interviewed on the local news channel?

　　—Because handing in a lost wallet was（　　　　）（　　　　）（　　　　）in San Francisco.

8 次の新入部員勧誘のチラシを読み，あとの問いに答えなさい。 　　　　　　　（早稲田摂陵高—改題）

Hello, everyone. We are *Waseda Setsuryo* triathlon club. Do you know triathlon? Three sports are in it. First, you swim. Second, you bike. Third, you run. The chart[*1] below shows our six-week training program for a beginners' event in early summer. The race format[*2] is 400m swim, 10km bike, and 2.5km run. The training is usually done together by all the members, but on Thursdays the practice is done individually, not as a team. The training will gradually[*3] become harder under a good coach, but in the race week we do not practice very long because we must set ourselves fresh[*4] for the race event.

We believe you will enjoy your school life with us through this wonderful sport. We are going to have a meeting for freshmen[*5] at Room #219 from 16:00 till 16:30 next Thursday. Why don't you join us?

WEEK	Mon	Tues	Wed	Thurs	Fri REST	Sat	Sun
1	Swim 1000m	Bike 16km	Swim 1000m	Run 3 km (70%Effort)	Recovery Day	Swim 1000m Bike 16km	Bike 10km Run 1 km
2	Swim 1200m	Bike 20km	Swim 1200m	Run 5 km (70%Effort)	Recovery Day	Swim 1000m Bike 20km	Bike 10km Run 3 km
3	Swim 1500m	Bike 24km Run 20min	Swim 1500m	Run 7 km (75%Effort)	Recovery Day	Swim 1000m Bike 24km	Bike 16km Run 3 km
4	Swim 1800m	Bike 24km Run 25min	Swim 1800m	Run 7 km (75%Effort)	Recovery Day	Swim 1000m Bike 24km	Bike 16km Run 5 km
5	Swim 2000m	Bike 28km Run 30min	Swim 2000m	Run 7 km (80%Effort)	Recovery Day	Swim 1000m Bike 28km	Bike 20km Run 5 km
6	Swim 100m × 10	Bike 10km Race Pace	Swim 100m × 6	Run 1 km × 3 Race Pace	Recovery Day	Swim 400m Bike 10km	RACE DAY

（注）　chart[*1]：表　　format[*2]：構成　　gradually[*3]：次第に　　set ourselves fresh[*4]：体調を整える
freshmen[*5]：1年生

(1) 英文の内容と一致するものには○，一致しないものには×を記入しなさい。

　ア．They swim first, then ride a bike and finally run to finish triathlon. （　　　　）

　イ．The race event for beginners will be probably held in August. （　　　　）

　ウ．The meeting for freshmen will be held for an hour and a half next Thursday. （　　　　）

(2)　表の内容と一致するものには○，一致しないものには×を記入しなさい。

　　ア．Every week has a rest day in a week. （　　　）

　　イ．They practice two sports every Tuesday. （　　　）

　　ウ．They practice swimming three times a week. （　　　）

　　エ．They run longer on Thursday than on Sunday. （　　　）

　　オ．They always swim and bike on Saturday. （　　　）

　　カ．They swim longer week by week. （　　　）

　　キ．They bike on Tuesday as long as on Saturday. （　　　）

　　ク．They do not bike on Saturday as long as on Sunday. （　　　）

(3)　次の対話が完成するように，空所に入る語をそれぞれ下の(a)～(d)から選び，記号で答えなさい。

　　ア．How long do they run in the 2nd week? — They run （　　　） km in the week.

　　　　(a)　8　　(b)　10　　(c)　12　　(d)　14

　　イ．How many times do they bike in the 4th week? — They bike （　　　） times in the week.

　　　　(a)　2　　(b)　3　　(c)　4　　(d)　5

　　ウ．How long do they swim in the race week? — They swim （　　　） meters in the week.

　　　　(a)　1000　　(b)　1400　　(c)　1600　　(d)　2400

　　エ．In which week do they practice longest? — They practice longest in the （　　　） week.

　　　　(a)　3rd　　(b)　4th　　(c)　5th　　(d)　6th

9　次の英文は中学生の陽菜（Hina）が 'eco bag'（エコバッグ）を見せながら行ったスピーチの原稿です。これを読んで後の問いに答えなさい。　　　　　　　　　　　　　　　　（近江高—改題）

　　Good morning, everyone. Please look at this. This is a special bag. I always bring it when I go shopping. Well, maybe some of you have ①see a dolphin with a plastic bag in its mouth on TV or the Internet. Today, I want to talk about plastic *pollution in the seas. 【　　A　　】

　　Plastic pollution in the seas has become a big problem, because fish and sea animals are *hurt by it. Many things like food and paper can go back to the *soil, but plastics can't. A lot of plastics, like plastic bags, plastic bottles, and plastic *packaging, are *thrown away and go into the seas. Every year, about eight *million *tons of plastics go into the seas. If this continues, scientists say that all the plastics in the seas will *weigh more than all the fish in the seas in about thirty years. 【　　B　　】

　　What can we do to stop this? Japanese people were usually given *free plastic bags before July last year when they went shopping. But now there is a new *rule. People need to *pay money for plastic bags. So, I believe that bringing an 'eco bag' is a very good idea. But, it's not enough, because there are other kinds of plastics. Yes, plastic bottles and plastic packaging. 【　　C　　】

When I talked with my mother about these problems, she said, "Why don't you bring tea in a bottle to school?" I thought that was a good idea. I often bought drinks at school and threw away the plastic bottles. I learned that ②it was bad for the *environment, 〈 ③ 〉 now I bring my own bottle to school. When I became hungry after school, I often bought *snacks and I always threw away the plastic packaging. That was also bad for the environment. Now, I make and bring my own sandwiches.

Everyone, we can do many things to *reduce plastic *waste. Let's use our own 'eco bags'. 【 D 】 If each of us changes our way of life a little, we can make a big *difference in the environment and in our lives.

注) pollution：汚染　　hurt：傷つける　　soil：土　　packaging：包装　　throw away：捨てる
million：100万の　　ton：トン　　weigh：重さが…である　　free plastic bags：無料のレジ袋
rule：規則　　pay：支払う　　environment：環境　　snack：お菓子　　reduce：減らす
waste：ごみ　　difference：違い

1．下線部①を適切な形にしなさい。（　　　）
2．下線部②のさす内容を日本語で答えなさい。
（　　　　　　　　　　　　　　　　　　　　　　　　　　　　　　　　）
3．〈 ③ 〉に入れるのに適切な語を次のア〜エから一つ選び，記号で答えなさい。（　　　）
ア　but　　イ　so　　ウ　when　　エ　if
4．次の一文を入れるのに最も適当な場所は【 A 】〜【 D 】のどこか。記号で答えなさい。
（　　　）
Let's bring our own bottles and snacks.
5．次の文章はスピーチを聞いた生徒の感想です。（ Ⅰ ）（ Ⅱ ）に入れるのに適切な語をそれぞれ前のスピーチの原稿から抜き出して答えなさい。Ⅰ（　　　）Ⅱ（　　　）

I learned many things from Hina's speech. She showed us her 'eco bag'. She taught me the way to reduce (Ⅰ) waste from our everyday life. She said that she bought drinks and snacks at school before, but now she brings her own (Ⅱ) from home and makes sandwiches by herself. I want to try the same thing as her, but I think it is not so easy. So I will try to have an 'eco bag' as the first step.

6．本文の内容に一致するものを次のア〜オから二つ選び，記号で答えなさい。（　　　）（　　　）
ア　Hina does three things to save the environment.
イ　Hina sometimes brings her 'eco bag' when she goes shopping.
ウ　Fish and sea animals are hurt by plastics because plastics can't go back to the soil.
エ　About eighteen million tons of plastics go into the seas every year.
オ　Hina's mother makes sandwiches for her to eat after school.

10　次の英文を読み，各設問に答えよ。　　　　　　　　　　　　　　　　　　　　（京都橘高）

　　A crow lived in the forest and he was happy with his life. But one day he saw a swan. "This swan is so [(1)]," he thought, "and I am so black. This swan is the happiest bird in the world."

　　He expressed his thoughts to the swan. "Actually," the swan said, "I was feeling that I was the happiest bird until I saw a *parrot. A parrot has two colors. I now think the parrot is the happiest bird in the world." The crow then went to see the parrot. The parrot explained, "I lived a very happy life until I saw a peacock. I have only two colors, but the peacock has many [(2)]."

　　The crow then visited a peacock in the zoo and saw hundreds of people there. They came to see the peacock. After the people left, the crow came to the peacock. "Dear peacock," the crow said, "you are so beautiful. So many people come to see you every day. I think you are the happiest bird on the planet." The peacock said, "I always thought that I was the most beautiful and happiest bird on the planet. However, (3)I [ア　because　　イ　zoo　　ウ　of　エ　in　　オ　am　　カ　this　　キ　locked] my *beauty. I have examined the zoo very carefully, and (4)I realized that only you are not kept in a *cage. You can go anywhere at any time. So you are the happiest bird of all."

　　That's our problem too. (5)We often compare ourselves with others and become sad. We don't *value the gifts from God. Learn to be happy with your own things and don't look at others' things. Some people may have more or less than you. If people are happy with themselves, they are the happiest in the world.

　　注) *parrot：オウム　　*beauty：美しさ　　*cage：(鳥やけものを入れる) おり
　　　　*value：価値あるものとして認める

問1　空所 [(1)] に入る最も適切な語を下のア～エから選び記号で答えよ。（　　　　）
　　ア　big　　イ　white　　ウ　tall　　エ　rich

問2　空所 [(2)] に入る最も適切な語を文中から抜き出せ。（　　　　）

問3　下線部(3)が「私の美しさのせいで，私はこの動物園に閉じ込められているのです」という意味になるように [　　] 内の語を並べかえ，[　　] 内で3番目と5番目にくる語を記号で答えよ。
　　3番目（　　　）　5番目（　　　）

問4　下の文章は下線部(4)の内容を示したものである。本文の内容にそって，空所 A，B にそれぞれ15字以内で適語を入れよ。
　　A [　　　　　　　　　　　　　　]　B [　　　　　　　　　　　　　　]
　　動物園の中でカラスだけが唯一 [A] ので，[B] ことができる。だから一番幸せな鳥であるということ。

問5　下線部(5)を日本語に直せ。
　　（　　　　　　　　　　　　　　　　　　　　　　　　　　　　　　　　　　　　）

問6　次のア～ウについて本文の内容と一致するものは○，一致しないものは×で答えよ。

ただし，すべて同じもので答えないこと。

ア　The crow was happy with his life until he met a swan. （　　）

イ　The parrot thinks that the swan is the happiest bird of all. （　　）

ウ　If people like themselves a lot, they are the happiest on the planet. （　　）

11　次の英文を読んで，問いに答えなさい。　　　　　　　　　　　　　（京都文教高）

One of the most popular sports at the Summer Olympic Games is swimming. Many swimmers ①win their medals when they are young. Kosuke Kitajima was 21 and Kyoko Iwasaki was 14 when they each won their first Olympic medals. But ②do swimmers (be / win / to / a medal / to / young / need)? One American woman didn't think so. She went to the Olympics （　③　） the age of 41 and won three silver medals.

Dara Torres was always a great swimmer. She あ(break) *the world record for *the 50-meter freestyle when she was only 14 years old. She first went to the Olympics in 1984 when she was 17. Dara went again in 1988 and 1992, and then she stopped swimming, "I think I've done enough." ［　　A　　］ So she gave up swimming. ④Dara didn't swim （　　） （　　） for seven years.

But people were surprised when Dara came back for the 2000 Olympics （　③　） the age of 33. She was the oldest person on the American swim team. But she won more medals than *anyone else that year.

After the 2000 Olympics, Dara stopped swimming again. She got married and started thinking about having children. Her baby girl was born on April 18 in 2006. It was the happiest day of her life. But when she was *pregnant, she often felt sick. ［　　B　　］ "Maybe I will feel better if I swim."

She didn't swim for five years, but then she went to a pool. And she felt better when she swam! Because of the baby, her stomach became bigger and bigger. But she felt ⑤light in the pool. After her baby was born, she continued to swim. It was fun.

A few months after her daughter was born, Dara's father died. It was very difficult （　⑥　） her. But swimming helped her with her sadness. She swam more and more. Then, Dara found that she was still a very fast swimmer.

She wanted to go to the Olympics again. Dara said, "You don't have to put an age *limit on your dreams." She thought of ⑦a new style of training. When she was younger, she swam seven days and 65,000 meters a week. Now she swam five days and only 25,000 meters a week. ［　　C　　］ She did not have time to rest her body before, but now she had some. She also did a lot of stretching.

She got faster and faster, and she was い(choose) for the 2008 Summer Olympic Games. At the Olympics, she あ(break) the American record in *the 50-meter freestyle and got *second place. Then, five minutes later, she had to swim again. This time, she swam 100 meters in a *relay. She swam the fastest 100 meters of any woman in the world. Her team got *second place.

　　"Maybe some people think that they can't do something because they are 【　A　】. Or they think they can't do it because they have 【　B　】. If I help these people, I will be really happy."

　　　注　the world record：世界記録　　the 50-meter freestyle：50 メートル自由形（競泳の種目）

　　　　　anyone else：他のだれか　　pregnant：妊娠している　　limit：限界　　second place：2 位

　　　　　relay：リレー

問1　下線部①，下線部⑤の反対の意味を表す語を英語で書きなさい。①(　　　　)　⑤(　　　　)

問2　下線部②が，「泳ぐ人がメダルを勝ち取るためには若くなくてはいけないのでしょうか。」という意味になるように（　　）内の語句を並べ替えなさい。

　　　do swimmers（　　　　　　　　　　　　　　　　　　　　　　　　　　　）?

問3　（　③　），（　⑥　）に入る最も適切な前置詞を下から選び，記号で答えなさい。

　　　③(　　　　)　⑥(　　　　)

　　ア　in　　イ　on　　ウ　at　　エ　for

問4　あ，いの（　　）内の語を適切な形に直しなさい。あ(　　　　)　い(　　　　)

問5　以下の文が入る適切な場所を　A　～　C　から選び，記号で答えなさい。(　　　　)

　　　She wanted to do something else.

問6　下線部④が「Dara は 7 年間全く泳がなかった。」という意味になるように，（　　）内に入る適切な語を答えなさい。

　　　Dara didn't swim（　　　　）（　　　　）for seven years.

問7　下線部⑦の内容として適切なものをア～エから1つ選び，記号で答えなさい。(　　　　)

　　ア　週 7 日に練習時間を増やし，1 週間で 65,000 メートル泳ぐこと。

　　イ　週 7 日に練習時間を増やし，身体を休ませる時間を減らすこと。

　　ウ　週 5 日に練習時間を減らし，1 日で 25,000 メートル泳ぐこと。

　　エ　週 5 日に練習時間を減らし，ストレッチを多く行うこと。

問8　【　A　】，【　B　】に入る語として適切な組み合わせをア～エから1つ選び，記号で答えなさい。

　　　　　　　　　　　　　　　　　　　　　　　　　　　　　　　　　　　　（　　　　）

　　ア　【　A　】　too young　　【　B　】　children

　　イ　【　A　】　too old　　【　B　】　records

　　ウ　【　A　】　too young　　【　B　】　records

　　エ　【　A　】　too old　　【　B　】　children

問9　本文の内容に一致するものをア～オから2つ選び，記号で答えなさい。(　　　　)(　　　　)

　　ア　Kyoko Iwasaki broke the world record when she was 14.

　　イ　After the 2000 Olympics, Dara stopped swimming because she was often tired.

　　ウ　When Dara had a baby girl, she was happier than any day in her life.

　　エ　Dara's baby was born before her father died.

　　オ　Dara's friend died, but swimming helped her.

12　次の英文を読んで，あとの問いに答えなさい。　　　　　　　　（仁川学院高）

In a *dense forest, there was a lake. All the animals often drank water from the lake. The water of this lake was so clean that many fish lived there for a long time. In the lake, there was a *crab. His best friend was a *swan. She lived in the same lake. They lived together and they were （ 1 ） until one （ 2 ） day. A *snake made its home near the lake on that day.

Everyday the swan *laid an egg, and the snake came and ate it. The swan thought, "I have to find a way to save the eggs."

One day, she went to the crab and said, "Please help me, dear friend. My eggs are in *danger. That snake eats all the eggs in the *nest. What can I do?"

The crab decided to help his best friend. So, he thought for a while. Then he said, "I've got an idea. Let's catch many fish from the lake and put them on the road from the snake's house to the *mongoose's house." The mongoose lived in a tree near the lake.

The crab and the swan caught some fish and dropped them from the mongoose's house to the snake's house. Then both of them got behind a tree and watched. After they waited for some time, the mongoose came out. He saw the fish and was excited. "Wow! There're fish right outside my own house!" he said. He looked at them hungrily and happily ate all of them one by one. While he ate, he kept following the fish to the snake's house. Finally, the mongoose got to the snake's house. Both the crab and the swan were watching all these events while they were waiting behind the tree.

When the snake saw the mongoose, he thought, "That mongoose is here to eat me. I should fight with it." After some time, the snake started to fight with the mongoose. They fought for some time. After a terrible *battle, the mongoose killed the snake.

After they watched this from behind the tree, the swan and the crab felt *relieved. But their joy soon disappeared. The next day, the mongoose found the swan's house while he was looking for more fish. There the mongoose found some eggs of the swan. He quickly ate all of them. The swan and the crab now felt *helpless. They created (3)this new danger themselves. They did not know that the mongoose was the dangerous helper. The two friends cried. "(4)Our poor idea gave us a new *enemy. It is more dangerous than the other enemy."

After a few days, they decided to think of one more 　★　 . It is important to be careful while you are fighting with an enemy.

　（注） dense：深い　　crab：カニ　　swan：白鳥　　snake：ヘビ　　laid：lay（…を産む）の過去形
　　　　 danger：危険　　nest：巣　　mongoose：マングース　　battle：戦闘　　relieved：安心した
　　　　 helpless：無力の　　enemy：敵

1 （ 1 ）・（ 2 ）に入る組み合わせとして最も適切なものをア〜エから1つ選んで，その符号を書きなさい。（　　　）

ア　1：sad　　　2：happy　　イ　1：strong　　2：weak　　ウ　1：happy　　2：sad

エ　1：weak　　2：strong

2 下線部(3)についての説明が完成するように，□□□内の文の空所 A～C に入る最も適切な語を その下のア～コからそれぞれ選んで，その符号を書きなさい。

A（　　　）B（　　　）C（　　　）

> 新たに（ A ）が（ B ）を（ C ）ようになったこと

ア　魚　　イ　ヘビ　　ウ　食べる　　エ　作り出す　　オ　カニと白鳥

カ　卵　　キ　カニ　　ク　倒す　　ケ　思いつく　　コ　マングース

3 下線部(4)について，次の設問（①・②）にそれぞれ答えなさい。

① その内容の説明として最も適切なものをア～エから1つ選んで，その符号を書きなさい。

（　　　）

ア　ヘビが湖の近くの木に住んでいると，マングースに教えてあげること。

イ　ヘビに会いに行くようにマングースに伝えること。

ウ　湖から魚を持って来て道路に山積みにし，ヘビの家とマングースの家に順に行くこと。

エ　湖で魚を捕まえ，それらをヘビの家からマングースの家まで順に置くこと。

② 次の英文がその目的を説明する文となるように，空所に入る箇所を本文中より探し出して5語以内で抜き出して書きなさい。（　　　　　　　　　　）

They had to kill the snake because they wanted （　　　）.

4 本文中の□★□に入るべき単語を，文中から1つ抜き出しなさい。（　　　　　）

5 この文章のタイトルとして最も適切なものをア～エから1つ選んで，その符号を書きなさい。

（　　　）

ア　The Useful Fish　　イ　The Clever Idea　　ウ　The Friendly Mongoose

エ　The Dangerous Helper

6 本文の内容に合うものをア～カから2つ選んで，その符号を書きなさい。（　　　）（　　　）

ア　The lake was a good home for fish.

イ　The crab wanted to help the swan.

ウ　The swan had a better idea than the crab.

エ　The crab and the swan climbed the tree.

オ　The mongoose and the snake both like to eat fish.

カ　The crab will fight with the mongoose soon.

2024・2025年度
受験用

近畿の高校入試

中1・2の復習

英語

解答・解説

英俊社

1．音　声

§1．語の発音 (2ページ)

1 **答** (1) エ　(2) ウ　(3) イ　(4) エ　(5) エ　(6) イ　(7) イ　(8) ウ　(9) イ　(10) ア　(11) エ　(12) エ　(13) ア　(14) イ
(15) ア　(16) イ　(17) ア　(18) エ　(19) ウ　(20) ウ　(21) ア　(22) イ　(23) イ　(24) イ　(25) ウ　(26) ウ

2 **答** (1) ウ　(2) ウ　(3) ア　(4) ウ　(5) ウ　(6) ア　(7) ア　(8) イ　(9) ウ　(10) ウ　(11) ウ　(12) ウ　(13) エ　(14) エ

3 **答** 1．ア　2．エ　3．ウ　4．エ

4 **答** (1) ○　(2) ×　(3) ×　(4) ○　(5) ×

5 **答** (1) ×　(2) ×　(3) ×　(4) ○　(5) ×

6 **答** 1．○　2．×　3．×　4．○　5．○

7 **答** 1．×　2．○　3．○　4．×　5．○

8 **答** (1) ○　(2) ×　(3) ×　(4) ×　(5) ○

9 **答** ア・ウ

10 **答** 1．ウ　2．イ

11 **答** (1) イ　(2) ○　(3) ア　(4) ×

12 **答** 1．ウ　2．イ　3．×　4．○

13 **答** (1) い　(2) い

14 **答** (1) ②　(2) ③　(3) ②　(4) ④　(5) ①

15 **答** (1) ○　(2) ×　(3) ○　(4) ×

§2．語のアクセント (6ページ)

1 **答** (1) イ　(2) イ　(3) イ　(4) ア　(5) エ　(6) ア　(7) イ　(8) ウ　(9) イ　(10) イ　(11) イ　(12) イ　(13) ア　(14) ア
(15) ア　(16) イ　(17) ア　(18) ア　(19) イ　(20) ウ　(21) ア　(22) イ　(23) ウ　(24) ア　(25) ア　(26) イ　(27) ア　(28) イ
(29) ア　(30) ア　(31) ウ　(32) イ　(33) ア

2 **答** (1) エ　(2) ウ　(3) ア　(4) イ

3 **答** 1．(エ)　2．(エ)　3．(ア)　4．(ウ)　5．(イ)

4 **答** (1) C　(2) B　(3) C　(4) A　(5) B

5 **答** 1．イ　2．エ　3．イ　4．ア　5．イ

6 **答** 4・5・7・10

7 **答** 4・8・11

8 **答** ウ・エ・オ

9 **答** 1．ウ　2．ア　3．イ

10 **答** 1．イ　2．イ　3．○　4．×　5．ア

11 **答** 1．○　2．×　3．ウ　4．ア　5．ア　6．ウ　7．○

§3．文の区切り・強勢 (9ページ)

1 **答** 1．イ　2．ウ　3．ア

2 **答** 1．(ウ)　2．(イ)　3．(ウ)　4．(ア)　5．(ウ)

3 **答** 1．ウ　2．イ　3．エ

4 **答** 1) 4　2) 3　3) 4　4) 4　5) 4
5 **答** (1) イ　(2) イ　(3) ア

2. 語　い

§ 1. 語の変化 (11ページ)

1 **答** (1) ninth　(2) studies　(3) coming　(4) driver　(5) knew　(6) babies　(7) hospital　(8) October　(9) climb　(10) north　(11) worst　(12) forget　(13) girl　(14) breakfast　(15) knives　(16) written　(17) much　(18) meet　(19) women　(20) August　(21) Canadian　(22) brought　(23) Asia　(24) won't　(25) worn　(26) boxes　(27) through　(28) daughter　(29) was　(30) our　(31) come　(32) night　(33) feet　(34) musician　(35) taught　(36) swimmer　(37) broke　(38) happier　(39) choice　(40) thousand　(41) buses　(42) slow　(43) making　(44) easiest　(45) hers　(46) sell　(47) easy　(48) bigger　(49) children　(50) given　(51) twentieth　(52) hear　(53) driving　(54) better　(55) eye　(56) themselves

2 **答** (過去形，過去分詞形，ing形の順に) 1. cut, cut, cutting　2. grew, grown, growing　3. laid, laid, laying　4. shook, shaken, shaking　5. spoke, spoken, speaking

§ 2. つづりと意味 (13ページ)

1 **答** 1. y　2. d　3. c　4. r　5. h
2 **答** 1. (c)u(p)　2. (F)ri(day)　3. (y)ou(ng)　4. (lau)gh　5. (bi)cy(cl)e
3 **答** ① favorite　② finish　③ mountain
4 **答** 1. lunch　2. picture (または，photo)　3. believe
5 **答** ① e　② f　③ r　④ e
6 **答** ① season (または，seasons)　② breakfast　③ color (または，colors, colour, colours)
7 **答** (1) エ　(2) オ　(3) ア　(4) ウ　(5) イ
8 **答** (1) ウ　(2) ア　(3) ア　(4) イ　(5) ウ
9 **答** (1) C　(2) A　(3) D　(4) D　(5) A
10 **答** (1) far　(2) old　(3) easy　(4) summer　(5) small (または，little)
11 **答** 1. third　2. fifth　3. Wednesday　4. Thursday　5. summer　6. autumn (または，fall)　7. February　8. October　9. hundred　10. thousand
12 **答** (1) always　(2) guitar　(3) interesting　(4) junior　(5) thirteen
13 **答** (1) ウ　(2) エ　(3) ウ　(4) エ　(5) ア
14 **答** 1. ク　2. ウ　3. ア　4. エ　5. イ　6. キ　7. カ　8. オ
15 **答** (1) aunt　(2) October　(3) Wednesday
16 **答** (1) medicine　(2) bridge　(3) wrong　(4) miss　(5) twelfth
17 **答** (1) (c)are　(2) (w)in　(3) (d)octor　(4) (b)us　(5) (l)ate
18 **答** 1. map　2. orange　3. racket　4. subject　5. delicious
19 **答** (1) 明日　(2) 韓国　(3) 万国博覧会
20 **答** 1. August　2. weather　3. minutes　4. cousin
21 **答** ア. knew　イ. peace　ウ. threw　エ. past
22 **答** (ア，イの順に) 1) blew, blue　2) wood, Would　3) One, won

3．文　　法

§1．名詞・代名詞・冠詞 (18ページ)

1 答 (1) イ　(2) ウ　(3) イ　(4) ウ　(5) ウ　(6) イ　(7) ウ　(8) ア　(9) ウ　(10) エ　(11) イ　(12) エ　(13) エ　(14) イ　(15) ア　(16) イ　(17) イ　(18) イ　(19) ア　(20) ア　(21) イ　(22) ア　(23) エ　(24) ウ　(25) ウ　(26) ウ　(27) ア　(28) ア　(29) エ　(30) エ　(31) イ　(32) ウ

2 答 (1) boxes　(2) stories　(3) hers　(4) player　(5) knives　(6) girls　(7) Chinese　(8) mine

3 答 (1) my　(2) good, singer　(3) hers　(4) uncle　(5) teaches, us　(6) singer　(7) member, of　(8) mine　(9) of, them　(10) way, to　(11) yours　(12) the, other

§2．動詞・助動詞 (21ページ)

1 答 (1) ウ　(2) イ　(3) ウ　(4) エ　(5) ア　(6) ア　(7) ウ　(8) エ　(9) イ　(10) エ　(11) ウ　(12) エ　(13) ウ　(14) エ　(15) ウ　(16) イ　(17) ウ　(18) ウ　(19) エ　(20) エ　(21) ウ　(22) ア　(23) イ　(24) ウ　(25) ア　(26) エ　(27) エ　(28) ウ　(29) ア　(30) ア　(31) イ　(32) ア　(33) イ　(34) ウ

2 答 (1) was　(2) going　(3) is　(4) raining（または，rainy）　(5) moves　(6) were　(7) goes　(8) visited　(9) were　(10) Does　(11) carries

3 答 (1) teaches, us　(2) belongs, to　(3) wrote　(4) must, run　(5) has　(6) going, to　(7) rains, lot　(8) that, can't　(9) are, going　(10) able, to　(11) mustn't　(12) must, be　(13) has, to　(14) able, to　(15) has　(16) to　(17) are, in　(18) Shall　(19) walks, to　(20) am, going　(21) weren't, able　(22) had, time　(23) It, snowed　(24) decided, to　(25) flew, to

4 答 (1) The student is studying English.　(2) He doesn't come to my house.　(3) Hinako didn't read DEMON SLAYER.　(4) Does Mari always drink coffee after lunch?　(5) My cat is sleeping on the floor.　(6) I was swimming in the river at about five yesterday.　(7) I am going to buy a new bag tomorrow.　(8) Did she try to cook pizza?　(9) He will（または，is going to）be eighteen　(10) My friend won't be busy next Monday.　(11) Taro doesn't have to cook dinner by seven.

§3．感嘆文・命令文 (25ページ)

1 答 (1) ア　(2) ウ　(3) ア　(4) ウ　(5) ア　(6) ア　(7) イ　(8) ア　(9) エ　(10) ウ　(11) エ　(12) ウ　(13) ウ　(14) イ

2 答 (1) Don't, run　(2) Don't, be　(3) What, a　(4) Let's　(5) Be　(6) How　(7) be, late　(8) Leave, miss　(9) Wear, or

§4．形容詞・副詞・比較 (27ページ)

1 答 (1) イ　(2) イ　(3) ア　(4) ア　(5) エ　(6) イ　(7) ウ　(8) エ　(9) ウ　(10) エ　(11) ウ　(12) ウ　(13) イ　(14) ア　(15) イ　(16) イ　(17) イ　(18) エ　(19) ウ　(20) イ　(21) エ　(22) イ　(23) ア　(24) ア　(25) ア　(26) イ　(27) ア　(28) ア　(29) ウ　(30) ウ　(31) イ　(32) イ　(33) エ

2 答 (1) hotter　(2) interesting　(3) better　(4) fastest　(5) best　(6) bigger　(7) best　(8) first　(9) taller　(10) those

3 **答** (1) short　(2) higher　(3) as, well, as　(4) My, favorite, sport　(5) best, cook　(6) in, foreign　(7) any, men　(8) younger　(9) much, snow　(10) fast, runner　(11) hotter, than　(12) speaks, well　(13) together　(14) earlier　(15) the, fastest　(16) the, oldest, of　(17) faster, than　(18) most, of　(19) well　(20) any, other　(21) No, larger　(22) different, from　(23) not, as, old

§5. 前 置 詞 (30 ページ)

1 **答** (1) ウ　(2) ウ　(3) ア　(4) ア　(5) イ　(6) イ　(7) ウ　(8) ア　(9) イ　(10) ア　(11) ウ　(12) イ　(13) イ　(14) エ　(15) エ　(16) イ　(17) イ　(18) イ　(19) エ　(20) ア　(21) イ　(22) ア　(23) ウ　(24) エ　(25) イ　(26) ア　(27) ウ　(28) ウ　(29) ウ　(30) イ　(31) ア　(32) ア　(33) ア　(34) エ　(35) イ　(36) ア　(37) エ　(38) イ　(39) エ

2 **答** 1. on　2. across　3. between　4. without　5. in

3 **答** (1) to　(2) for　(3) from　(4) after, watching　(5) by, car　(6) are, in　(7) without　(8) by, train　(9) for　(10) before, eating（または，having）　(11) during, stay　(12) to, on　(13) to

§6. いろいろな疑問文 (34 ページ)

1 **答** (1) ウ　(2) ア　(3) イ　(4) イ　(5) ア　(6) ウ　(7) エ　(8) エ　(9) イ　(10) ア　(11) イ　(12) エ　(13) ア　(14) ア　(15) ウ　(16) ア　(17) ウ　(18) ア　(19) イ　(20) イ　(21) エ

2 **答** (1) ア　(2) キ　(3) オ　(4) カ　(5) エ

3 **答** ① イ　② キ　③ カ　④ エ

4 **答** 1）ウ）　2）オ）　3）ア）　4）イ）　5）エ）

5 **答** (1) Why　(2) How, old　(3) How（または，What）, about　(4) How, much　(5) What, think　(6) How, spell　(7) When, was

6 **答** (1) What did your brother drink for breakfast?　(2) Whose book is this?
(3) Where did Akira live five years ago?　(4) How are you（または，we）going to the beach?
(5) Whose house did Tomoki visit during the winter vacation?
(6) When did she play tennis〔at the park〕?　(7) How long does it take to get to the station?
(8) Whose are these pencils?
(9) How long（または，How many years）has Mr. Smith lived in Osaka?

§7. 接 続 詞 (37 ページ)

1 **答** (1) イ　(2) エ　(3) イ　(4) ア　(5) ア　(6) エ　(7) イ　(8) イ　(9) イ　(10) ウ　(11) エ　(12) ウ　(13) ア　(14) ア　(15) エ　(16) エ　(17) ウ　(18) イ

2 **答** (1) because　(2) Both, and, like　(3) If, don't　(4) If　(5) when, was　(6) so, that　(7) because　(8) When（または，If）, each, other

§8. 不定詞・動名詞 (39 ページ)

1 **答** (1) ウ　(2) ウ　(3) エ　(4) ウ　(5) エ　(6) イ　(7) ウ　(8) ウ　(9) イ　(10) イ　(11) イ　(12) エ　(13) エ　(14) イ　(15) ウ　(16) エ　(17) イ　(18) エ　(19) ア　(20) ウ　(21) ア　(22) イ　(23) イ　(24) ア　(25) ウ　(26) ウ　(27) ウ　(28) ア　(29) エ

2 **答** (1) singing　(2) making　(3) to send　(4) remembering　(5) helping　(6) raining

3 **答** (1) watching　(2) To, play　(3) Speaking　(4) before, eating　(5) to　(6) read

(7) having（または，eating）　(8) about, playing　(9) to　(10) without, buying　(11) to, play, with

(12) to, know　(13) to, have　(14) cooking　(15) nothing, to　(16) without, eating　(17) too, to

(18) enough, to

§9. 受動態・現在完了 (42ページ)

1 **答** (1) ウ　(2) イ　(3) ウ　(4) イ　(5) ウ　(6) エ　(7) エ　(8) イ　(9) エ　(10) ウ　(11) ア　(12) エ　(13) ウ　(14) ア

(15) イ　(16) イ　(17) イ　(18) エ　(19) イ　(20) ア　(21) イ　(22) ウ　(23) エ　(24) ウ　(25) エ　(26) ウ　(27) イ　(28) ウ

(29) ア　(30) エ　(31) イ

2 **答** (1) sung　(2) has, been　(3) was, written　(4) have　(5) is, spoken　(6) has, been　(7) been, twice

(8) was, built　(9) has, gone　(10) has, lived　(11) have, passed　(12) was, born　(13) have, visited

(14) were, painted　(15) has, studied, since, was, seven　(16) was, written, to　(17) have, never, been

(18) is, spoken　(19) done（または，finished）, yet　(20) has, lived　(21) was, read　(22) Did, help

(23) been, dead　(24) made, from　(25) spoke, to, me　(26) have, never, eaten　(27) was, surprised, at

(28) haven't, seen

§10. 誤文訂正 (45ページ)

1 **答** 1. (イ)　2. (ウ)　3. (ア)　4. (ア)　5. (エ)

2 **答** (1) (ウ)　(2) (ウ)　(3) (ウ)　(4) (イ)　(5) (ア)　(6) (イ)

3 **答** ア. 3, boy　イ. 3, raining　ウ. 2, would　エ. 4, well

4 **答** 1. ア, went　2. イ, the coldest　3. イ, written

5 **答** (1) (エ), is taking　(2) (エ), been　(3) (ア), old enough　(4) (エ), by

6 **答** 問1. almost → most（または，almost → almost all）　問2. easy → easily　問3. have seen → saw
問4. one's → their　問5. the → a

7 **答** 1. ア → received　2. エ → cities　3. ウ → excited　4. ア → Was
5. エ → Asami's（または，Asami's racket）

8 **答** 1・3・8・9・12

4. 英作文

§1. 和文英訳 (48ページ)

1 **答** (1) gets　(2) by　(3) are, these　(4) is, able, to　(5) speaks　(6) has, known

(7) am, going, to（または，will, go, to）　(8) Which, cap（または，hat）, do　(9) I, your　(10) is, on

(11) be, future　(12) as（または，so）, fast　(13) playing　(14) most　(15) Who, taught　(16) Don't, be

(17) to, working　(18) Each, has　(19) How, about　(20) Some, others　(21) was, made　(22) long

(23) belong　(24) have, never, read　(25) have, to, to, help　(26) before　(27) better　(28) is, mine

(29) care, of　(30) mustn't（または，cannot）　(31) without, seeing　(32) been, museum　(33) subject, of

2 (1) 「～を読む」= read。

(2) 「古い」= old。

(3) 「医者」= doctor。

(4) 「～の上に」= on ～。

(5) 「おいしい」= delicious。

(6) 「あなたの」= your。

(7) 過去形の文。write の過去形は wrote。

(8) 助動詞のあとの動詞は原形になる。

(9) 「いつ」= when。

(10) 「～することを楽しむ」= enjoy ～ing。

(11) 受動態〈be 動詞＋過去分詞〉の文。break の過去分詞は broken。

(12) 現在完了〈have/has ＋過去分詞〉の文。

答 (1) イ　(2) イ　(3) ア　(4) ウ　(5) ア　(6) イ　(7) イ　(8) ア　(9) イ　(10) イ　(11) ウ　(12) ウ

3 (1) 「～するつもりだ」は，will または，be going to で表す。(b)は some の直後なので，複数形の名詞が入る。

(2) 「私は 10 年間彼女を知っている」と考える。現在完了〈have ＋過去分詞〉の文。「10 年間」= for ten years。

(3) 「～に見えた」= looked ～。「とても～なので…できない」= too ～ to …。

(4) 「～に驚く」= be surprised at ～。

(5) 比較級の文。「～よりも背が高い」= taller than ～。

(6) 「たいてい」= usually。主語が三人称単数で現在の文なので，一般動詞の語尾に s がつくことに注意。

答 (1) ウ　(2) ア　(3) イ　(4) ウ　(5) イ　(6) イ

4 (1) 「～するかもしれない」= may ～。助動詞の後には動詞の原形が続く。「雨が降る」= rain。

(2) 所有代名詞にする。「私のもの」= mine。「彼女のもの」= hers。

(3) 「～ということ」= that ～。「～に興味がある」= be interested in ～。

答 （ア・イの順に）(1) 5）・1)　(2) 3）・6)　(3) 1）・4)

5 (1) 「～に紹介される」= be introduced to ～。受動態〈be 動詞＋過去分詞〉の文。

(2) 「私は～がうれしい」= I'm glad〔that〕～。that は接続詞なので，後には節〈主語＋動詞〉が続く。

(3) 「～しないでください」=〈Please don't ＋～（動詞の原形）〉。「～に遅れる」= be late for ～。

(4) 「～と話すことを楽しむ，～と楽しくおしゃべりをする」= enjoy talking with ～。

(5) 「A 対 B の試合」= the game between A and B。

答 (1) エ　(2) ア　(3) ウ　(4) エ　(5) イ

6 1．「～に向けて…を出発する」= leave … for ～。

2．「～すぎて…できない」= too ～ to …。この文を so ～ that …で表す場合は，She was so tired that she couldn't finish her homework.となる。

3．「ジャックはクラスの他のどの生徒よりも背が高い」と考える。「他のどの～よりも…」=〈…（比較級）+ than any other ＋～（単数名詞)〉。

答 1．ウ　2．イ　3．エ

7 (1) 「出来るだけ～」= as ～ as one can。過去の文なので could を使う。

(2) umbrella は，発音が母音で始まるので，冠詞は an を使う。

(3) 「～することを楽しみにする」= look forward to ～ing。現在進行形の文である。

答 (1) イ　(2) ア　(3) ウ

8 1．「学校に通う」= go to school。「電車で」= by train。

2．比較級の文。「～よりおもしろい」＝ more interesting than ～。名詞（ここでは，book）の繰り返しを避けたいときは，代名詞の one を用いることができる。

3．目的を表す不定詞の副詞的用法。「サッカーをするために」＝ to play soccer。

4．疑問詞が主語となる文の語順は〈疑問詞＋動詞〉。

5．最上級の文。「一番長い川」＝ the longest river。

6．「机の上にある辞書」＝ the dictionary on the desk。前置詞句が後ろから名詞を修飾している。

答（例）1．I go to school by train every day.　2．This book is more interesting than that one.

3．I went to the park to play soccer yesterday.　4．Who broke that window?

5．This is the longest river in Japan.　6．The dictionary on the desk is mine.

9 (1)「かわいい」＝ cute。

(2)「～が得意である」＝ be good at ～。

(3)「どのようにして」＝ how。「ここに」＝ here。

(4)「～へ行ったことがある」＝ have been to ～。現在完了の経験用法の否定文は never を使う。

答（例）(1) She is very cute（または，pretty）.　(2) My mother is good at English.

(3) How did you come here today?　(4) I have never been to the museum.

10 1．be going to を用いた未来の文になる。「～時に」＝ at ～。

2．「たくさんの～」＝ a lot of ～。「今年は」＝ this year。

3．「～したことを覚えている」＝ remember ～ing。

4．現在完了の継続用法の文になる。「～以来」＝ since ～。

答（例）1．The game is going to start at three　2．We had a lot of snow this year

3．Do you remember reading that book　4．I have been in Japan since I was ten

11 1．「～するのをやめる」＝ stop ～ing。「～から出ていく」＝ go out of ～。

2．現在完了〈have ＋過去分詞〉の文。「長い間」＝ for a long time。

3．「～してもいいですか？」＝ May（または，Can）I ～?。「～を借りる」＝ borrow ～。「～まで」＝ until ～。

答（例）1．My father stopped reading the newspaper and went out of the room.

2．I haven't seen my grandmother for a long time.

3．May（または，Can）I borrow this guitar until next Saturday?

12 (1)「～にとって都合がよい」＝ be convenient for ～。「～しませんか？」＝ why don't you ～?。

(2)「～して楽しむ」＝ enjoy ～ing。「いろんな種類の～」＝ various kinds of ～。

答（例）(1) is convenient for you next Sunday, why don't you come to my house?

(2) Let's enjoy listening to various kinds of music.

13 (1)「あなたを助けることができて私はうれしい」と考える。「～することができて私はうれしい」＝ I'm glad（または，happy）I could ～。解答例のほか，不定詞を用いて I'm glad（または，happy）to help you. とも表せる。

(2)「水曜日から晴れている」という継続した状態は，現在完了〈have/has ＋過去分詞〉を用いて表す。「雨になりそうだ」は be going to ～や look like ～を用いて表せる。

答（例）(1) I'm glad（または，happy）I could help you.

(2) It has been sunny since Wednesday, but it's going to be rainy this weekend.

§２．整序作文 (55 ページ)

1 (1)　how long は期間をたずねる言い方で，そのあとは疑問文の語順になる。How long did Ken stay in Spain?となる。

(2)　「A に B を与える」＝ give A B。Kate gave her sister some books.となる。

(3)　「最も〜な…のひとつ」＝〈one of the 〜（最上級）＋…（複数形の名詞）〉。This is one of the most beautiful places in Osaka.となる。

(4)　継続を表す現在完了。現在完了は〈have/has ＋過去分詞〉で表し，否定文の場合は，have/has のあとに not を置く。「〜から便りがある」＝ hear from 〜。I have not heard from her for three months.となる。

(5)　「〜することを楽しみにする」＝ look forward to 〜ing。I'm looking forward to working with you.となる。

答 (1) イ，ア　(2) オ，イ　(3) オ，ア　(4) エ，ウ　(5) ウ，エ

2 (1)　how many students で始まる疑問文で表す。How many students are there in your classroom?となる。

(2)　「もう一杯の〜」＝ another cup of 〜。Would you like another cup of coffee?となる。

(3)　「〜の近くの」＝ near 〜。The supermarket near my house closes at 9 p.m.となる。

(4)　「〜への行き方」＝ the way to 〜。Could you tell me the way to the post office?となる。

答 (1) ク，オ　(2) イ，エ　(3) オ，ク　(4) オ，ウ

3 (1)　頻度を表す副詞 often は一般動詞の前に置く。「〜を聴く」＝ listen to 〜。I often listen to music on Saturdays.となる。

(2)　「〜に行ったことがある」＝ have been to 〜。「今までに」＝ ever。Have you ever been to Canada?となる。

答 (1) イ，ア　(2) オ，エ

4 (1)　「私は〜したい」＝ I'd like to 〜。I'd like to play tennis with you.となる。

(2)　「A に B をあげる」＝ give B to A。Tom gave some beautiful flowers to Kumi yesterday.となる。

(3)　「ほとんど〜がない」＝ little 〜。We had little snow last year.となる。

(4)　現在完了の経験用法の文である。My mother has been to USJ three times.となる。

答 (1) 1，6　(2) 4，5　(3) 5，1　(4) 6，7

5 (1)　「〜する必要はない」＝ don't have to 〜。You don't have to take the small children.となる。

(2)　「〜ほど…ではない」＝ not as … as 〜。His dream is not as big as yours.となる。

(3)　「〜してはいけない」＝〈Don't ＋〜（動詞の原形）〉。Don't read the comic book.となる。

(4)　「〜だけでなく…も」＝ not only 〜 but〔also〕…。I bought not only shoes but socks.となる。

答 (1) う，お　(2) う，い　(3) え，あ　(4) お，あ

6 (1)　「〜への道」＝ the way to 〜。An old woman asked me the way to Kyoto Station.となる。

(2)　「〜することができるだろう」＝ will be able to 〜。Her baby will be able to walk by himself next month.となる。

(3)　形容詞的用法の不定詞を用いた文。My father has no time to play sports.となる。

答 (1) オ，ウ　(2) ア，キ　(3) エ，イ

7 1．「遅くまで起きている」＝ stay up late。「昨夜」＝ last night。I stayed up late last night.となる。

2．現在完了〈have/has ＋過去分詞〉の文。「〜以来」＝ since 〜。Akiko's hair has been long since she was a baby.となる。

3．「どの～」= which ～。Which train should I take to get to Kamakura?となる。

4．「～よりも…の方が好きだ」= like … better than ～。I like tennis better than baseball.となる。

答　(①，②の順に) 1．エ，イ　2．ア，オ　3．ウ，ア　4．ア，オ

⑧ (1)　「最も役に立つ」= the most useful。This textbook is the most useful of all.となる。

(2)　「～がある」= there are ～。There are many comics in the box.となる。

(3)　現在完了の経験用法。Have you ever played the game?となる。

(4)　「～の時」= when ～。I'll make dinner when my mother is busy.となる。

答　(1) オ　(2) ウ　(3) ア　(4) カ

⑨ 1．「とても～なので…だ」= too ～ to …。「～の世話をする」= take care of ～。I was too tired to take care of my pet.となる。

2．「～することによって」= by ～ing。「重要なことをたくさん」は「たくさんの重要なこと」と考える。We can learn many important things by reading newspaper.となる。

3．「～はいかがですか?」= Why don't you ～?。「何か温かい飲み物」= something hot to drink。Why don't you have something hot to drink?となる。

4．「富士山は日本の他のどの山よりも高い」と考える。「他のどの～よりも…」=〈…(比較級) + than any other + ～(単数名詞)〉。Mt. Fuji is higher than any other mountain in Japan.となる。

答　(A・Bの順に) 1．ア・ウ　2．キ・ウ　3．オ・エ　4．ア・エ

⑩ 1．「何時に」= what time。「起きる」= get up。過去形の一般動詞の疑問文は〈did + 主語 + 動詞の原形〉の語順。What time did you get up yesterday?となる。

2．「～しなくてもいい」= don't/doesn't have to ～。You don't have to hurry.となる。

3．「～できる」= be able to ～。疑問文では be 動詞を主語の前に置く。Is she able to play golf?となる。

4．「何歳」= how old。How old is your grandfather?となる。

5．「～したことが一度もない」=〈have/has never + 過去分詞〉。She has never visited Okinawa.となる。

6．「～ほど…ない」= not as … as ～。I can't run as fast as you.となる。

7．was と given があることから，受動態の文。「私は母に本を与えられた」と考える。I was given a book by my mother.となる。

8．最上級の文。「一番若い」= the youngest。「三人の中で」= of the three。Ken is the youngest of the three.となる。

答　1．ア　2．エ　3．イ　4．ア　5．ア　6．イ　7．エ　8．イ

⑪ 1．現在完了の継続用法。「ずっと忙しい」= have/has been busy。「今朝から」= since this morning。

2．「～することに興味がある」= be interested in ～ing。

3．受動態の疑問文の語順は〈be 動詞 + 主語 + 過去分詞〉。

4．「一番～な (名詞) の一つ」=〈one of the + ～(最上級) + 複数名詞〉。

5．「どの電車」= which train。「(乗り物) に乗る」= take。「～に行くには」= to go to ～。

6．「～するつもりだ」= be going to ～。「写真を撮る」= take a picture。

答　1．My mother has been busy since this　2．is interested in drawing pictures

3．When was this book written　4．is one of the biggest cities in

5．Which train should I take to go to　6．going to take a lot of pictures

⑫ 1．「～していただけませんか?」= Will you ～?。「A に B を教える」= tell A B。「～までの行き方」= the way to ～。to を補う。

2．「～しなくてもいい」= don't/doesn't have to ～。have を補う。

3．「～することを楽しみにする」= look forward to ～ing。seeing を補う。

4．現在完了〈have/has ＋過去分詞〉の文。「3歳から」＝ since she was 3 years old。since を補う。

5．「何人（の人々）」＝ how many people。「～に参加する」＝ take part in ～。people を補う。

答 1.　Will you tell me the way to Minoh Station

2.　You don't have to wash the dishes after lunch

3.　We are looking forward to seeing you again

4.　My sister has played the flute since she was 3 years old

5.　How many people can take part in the game

13 1．「～のとき」＝ when ～。visit のあとには前置詞を置かない。Kohei visited Australia when he was a junior high school student.となる。to が不要。

2．「～してもいいですか？」＝ May I ～？May I go to a concert with them?となる。shall が不要。

3．「～してはいけない」＝ must not ～を使う。You must not take pictures in the museum.となる。don't が不要。

4．現在完了〈have ＋過去分詞〉の継続用法の文。We have used this room since last year.となる。for が不要。

答 1.　⑦, ⑥　2.　⑥, ①　3.　②, ①　4.　⑥, ②

14 1．「金曜日の夜にコンサートがある予定だ」。「～がある予定である」＝ there will be ～。

2．「今日は遅れてしまい，本当に申し訳ありません」。「～して申し訳なく思う」＝ be sorry for ～ing。

3．「私のことをあなたの奥さんによろしくお伝えください」。「～によろしく伝える」＝ say hello to ～。

4．「私は時間があるときにあなたに手紙を送るつもりです」。「～に…を送る」＝ send ～ …。

5．「来週の日曜日に映画を見に行きましょうか？」。「～しましょうか？」＝ Why don't we ～ ?。

答 1.　will be a concert on Friday　2.　sorry for being late　3.　say hello to your wife for

4.　send you a letter when I　5.　don't we go to see

15 ⑴　The first thing to do ＝「最初にすべきこと」。不定詞の形容詞的用法。The first thing to do today is to clean my room.となる。「今日，最初にすべきことは私の部屋をそうじすることです」。

⑵　〈～（命令文），＋ and …〉＝「～しなさい，そうすれば…」。Turn right at the next corner, and you can see the park.となる。「次の角で右に曲がりなさい，そうすれば公園が見えます」。

⑶　Thank you for ～ing ＝「～してくれてありがとう」。Thank you for listening to my new songs today.となる。「今日は私の新しい歌を聞いてくれてありがとう」。

⑷　something hot to drink ＝「何かあたたかい飲みもの」。Do you want something hot to drink?となる。「あなたは何かあたたかい飲みものが欲しいですか？」。

⑸　現在進行形の疑問文〈be動詞＋主語＋～ing …?〉。Is your brother playing basketball with Jim now?となる。「あなたのお兄さん（弟）は今ジムとバスケットボールをしていますか？」。

答 ⑴ 5, 1　⑵ 2, 4　⑶ 4, 5　⑷ 5, 4　⑸ 2, 4

16 1．like ～ing ＝「～することが好きだ」。「私は友だちと歌を歌うことが好きです」。I like singing songs with my friends.となる。

2．be going to ～ ＝「～するつもりだ」。「あなたは次の日曜日に何をするつもりですか？」。What are you going to do next Sunday?となる。

3．Let's ～ ＝「～しましょう」。〈to ＋～（動詞の原形）〉＝「～するために」。「新鮮な空気を入れるために窓を開けましょう」。Let's open the window to get some fresh air.となる。

4．like ～ the best of …＝「…の中で～が一番好きだ」。最上級の文。「私はすべての季節の中で春が一番好きです」。I like spring the best of all the seasons.となる。

答 1.　⑤, ⑦　2.　②, ①　3.　⑥, ②　4.　④, ③

17 1．「彼女は彼へのプレゼントを買うために，駅の近くの店へ行きました」。She went to a store by the station to buy a present for him.となる。

2．「あなたはふつうどんな種類の音楽を聞きますか？」。頻度を表す副詞 usually はふつう一般動詞の前に置く。What kind of music do you usually listen to?となる。

3．「あなたがその手紙を読み終えたら，それをあなたのお母さんに渡してください」。「～し終える」= finish ～ing。Give the letter to your mother when you finish reading it.となる。

答 1．a．キ　b．カ　c．ア　2．a．オ　b．ア　c．キ　3．a．ケ　b．キ　c．ア

§3．その他の英作文 (62ページ)

1 (1)「彼は真夜中までテレビゲームをした。だから彼は眠い」などの文が考えられる。

(2)「彼は鍵をなくしたので，ドアを開けることができない」などの文が考えられる。

答 (例) (1) He played the video game until midnight. So, he is sleepy.

(2) He cannot open the door because he lost the key.

2 No.1.「その男の子は水を飲みたいが，犬をこわがっているので飲むことができない」などの文が考えられる。No.2.「その男性は遅く起きたので，バスに乗ることができなかった」などの文が考えられる。

答 (例) No.1. he is afraid of the dog　No.2. he got up late

3 1．「もっと小さいのはありますか？」などの文を英語にする。「～はありますか？」= Do you have ～?。「もっと小さいの」= a smaller one。

2．「もう一度言っていただけますか？」などの文を英語にする。「～していただけますか？」= Could/Would/Will you ～?。「もう一度それを言う」= say it again。

答 (例) 1. Do you have a smaller one?　2. Could you say it again?

4 1．現在している動作を表すには現在進行形〈be 動詞＋～ing〉を用いる。「家に」= at home。

2．予定は be going to ～で表す。「～の…を手伝う」= help ～ with …。

3．「申し訳ない」= I'm sorry。

答 (例) 1. at home now and listening to music.（または，listening to music at home now.）

2. going to help my brother with his homework.　3. sorry but I can't come.（または，meet you）

5 ① 雨が降ってきて，店に入ったユミは「私は濡れたくありません」と言った後，何と言ったか？→「私は傘を買いたいです」などの文が考えられる。

② 次にユミが「私は赤色が好きです」と答えている→「あなたはどんな色が好きですか？」などの文が考えられる。

答 (例) ① I want to buy an umbrella.　② What color do you like?

◀全訳▶

店員：こんにちは。何かお手伝いいたしましょうか？

ユミ：はい，お願いします。外は雨が降っています。私は濡れたくありません。だから，（私は傘を買いたいのです。）

店員：わかりました。大きい傘か小さい傘のどちらが必要ですか？

ユミ：大きい傘をお願いします。

店員：（どんな色がお好きですか？）

ユミ：赤色が好きです。

店員：あなたのために赤い傘を見つけてきます。

6 (1) B が「図書館の前はどうですか？」と提案している→ A は待ち合わせの場所を相談している。解答例の

他，Where can we meet?や Where do you want to meet?なども可。

(2) B が「1 週間です」と答えている→ A は滞在期間をたずねている。期間をたずねる疑問詞は how long。解答例の他，How long will you stay?なども可。

(3) B が直前で「それは私には小さすぎます」と言っている→ B はもっと大きなサイズのジャケットがあるかたずねている。解答例の他，Do you have it in a larger size?や Can I try on a bigger one?なども可。

答（例）(1) Where shall we meet　(2) How long are you going to stay

　　(3) Do you have a large（または，larger）one

7　① 中学校生活で最も楽しんだことについて英作する。

② ①で答えたことについて，どのようなことをしたのか，どのように感じたのかなどについて英作する。

答（例）① I enjoyed my school trip the best　② I took many pictures with my classmates

8　例として「お互いの学校生活について話し合い，その違いについて学ぶ」，「写真を見せながら町の観光地や訪れるべき場所の紹介をする」，「好きなスポーツや好きなテレビ番組などについて話し合う」などの活動が考えられる。

答（例）How about showing some pictures of our school and talking about them in English? The students from America will talk about their school, too. We can find the differences between Japanese schools and American schools.（35 語）

9　質問は「あなたは夏休みと冬休みではどちらが好きですか？」。まずどちらがより好きなのかを答え，その理由を具体的に説明する。理由が 2 つ以上ある場合は，First（第一に），Second（第二に）といった表現を用いるとよい。

答（例）I like summer vacation better. I have two reasons. First, I can swim in the sea. Second, my birthday is in August. My parents buy a cake for me every year.（31 語）

5．問答・応答

（65 ページ）

1　① 「あなたはなぜそんなに疲れているのですか？」→「なぜなら私は昨夜遅く勉強したからです」。

② 「彼は 5 時までに家に帰るでしょうか？」→「いいえ，帰らないでしょう」。

③ 「今夜，そのレストランへ行きましょうか？」→「はい，行きましょう」。

④ 「だれが窓をこわしましたか？」→「ケンでした」。

⑤ 「あなたを手伝いましょうか？」→「はい，お願いします」。

答　①2　②6　③3　④5　⑤1

2　(1) 自分あての電話に出る場面。「もしもし，マイケルをお願いします」に対して，Speaking.＝「私です」。

(2) 「私たちは明日数学のテストがありますか？」に対して，ウの「そうだと思います」。

(3) 「あなたは彼女が今晩パーティーに来ると思いますか？」に対して，エの「そうだといいと思います」。

(4) 「あなたのために地図を描きましょうか？」に対して，ウの「はい，お願いします」。

(5) 「ここから駅までどれくらい（距離が）ありますか？」に対して，イの「2 キロメートルくらいです」。

答　(1) エ　(2) ウ　(3) エ　(4) ウ　(5) イ

3　1．「あなたは何を探していますか？」→「私は卵が必要です」。

2．「ホワイトさんはあの市に住んでいます」→「ああ，彼女はそうなのですか？」。主語が 3 人称単数形で現在の文なので does を使う。

3．「今日は何日ですか？」→「5 月 5 日です」。

答 1. イ 2. ウ 3. エ

4 (1) 現在完了の疑問文に対しては have を使って答える。

(2) 「私は今行かなければなりませんか？」→「いいえ，あなたはその必要はありません」。

(3) 「あなたを駅まで連れていきましょうか？」→「ええ，お願いします」。

(4) 「この建物はどれくらい古いですか？」→「それは 40 年経っています」。

(5) 「あなたのお父さんはどうかなさいましたか？」→「彼は病気です」。

答 (1) B (2) D (3) C (4) B (5) D

5 1. 「元気ですか？」という質問に対して答える。I'm great.＝「元気です」。

2. 「出身はどこですか？」という質問に対して答える。from ～＝「～出身」。

3. 「英語を話すことができますか？」という質問。「少し」と答える文が適当。

4. 「今，あなたは何をしていますか？」という質問。現在進行形を使って答えている文を選ぶ。

5. 「何時ですか？」という質問。「すみません。わかりません」と答える文が適当。

答 1. ア 2. エ 3. エ 4. ウ 5. エ

6 (1) 「あなたはフランス出身ですか？」―「はい，そうです」。Are you ～?に対する応答なので，主語は I，be 動詞は am になる。be 動詞の疑問文に do で答えることはできない。

(2) 「野球をしましょうか？」―「はい，しましょう」。Shall we ～?（～しましょうか？）の文に対して「はい」と答えるときは，よく Yes, let's.が使われる。

(3) 「郵便局までの道順を私に教えていただけませんか？」―「その角で右に曲がってください」。Could you tell me the way to ～?は道をたずねる表現。

(4) 「あなたは体調が悪そうですね。どうしたのですか？」―「私は熱があるのです」。〈look ＋～（形容詞）〉＝「～に見える」。B を心配してたずねる文を入れる。

(5) 「調子はどうですか？」―「いいですよ」。How are you doing?はよく挨拶に使われる。

(6) 「あなたの仕事は何ですか？」―「私はレストランで働いています」。What do you do?は職業をたずねる表現。

(7) 「こちらはケンです。クミと話せますか？」―「すみません。彼女はまだ家に戻っていません」―「わかりました。後でかけます」。

(8) 「なぜあなたはその本が好きなのですか？」―「それはおもしろいからです」。why ＝「なぜ」。理由を表す接続詞は because（なぜなら）。

答 (1)(ア) (2)(ウ) (3)(エ) (4)(ア) (5)(ア) (6)(エ) (7)(イ) (8)(エ)

7 (1) B が手紙を出そうとしていて，A に料金をたずねていることから，A は郵便局の局員であると考えられる。ウの「何かお手伝いしましょうか？」が適切。

(2) A が「買うべきものが見つかりませんでした」と答えていることから，アの「あなたは何か買いましたか？」が適切。

(3) B が「あなたは何回その映画を見ましたか？」とたずねていることから，エの「3 回」が適切。

(4) A が「それは 10,000 円でした」と答えていることから，ウの「それはいくらでしたか？」が適切。

(5) A が「私はパスタを食べます」と答えていることから，ウを選んで「私はカレーライスを食べようと思います。あなたはどうですか？」とする。

(6) A が B に土曜日の予定を聞き，そのあとで B を映画に誘っていることから考える。アの「私はまだ予定がありません」が適切。

答 (1) ウ (2) ア (3) エ (4) ウ (5) ウ (6) ア

8 1. 郵便局に行くと言う相手へのせりふ。キャシーが「いいですよ」と答えていることから，イの「そこで郵便はがきを買ってきてくれませんか？」が適切。

2．ベスが「私はちょうど宿題を終えたところだからです！」と答えていることから，エの「あなたはなぜそんなにうれしいのですか？」が適切。

3．ユキコは「それ（名古屋への旅行）はどうでしたか？」と尋ねているので，イの「素晴らしかったです」が適切。

4．「あなたがコンピューターを使いたいとき，ぼくのを使いに来ていいですよ」というせりふに対する返答。アの「あなたはとても親切ですね」が適切。

5．電話での会話。トムが「いいえ，結構です。あとでかけ直します」と答えていることから，イの「伝言を預かりましょうか？」が適切。take a message ＝「伝言を預かる」。leave a message ＝「伝言を残す」。

（答）1．イ　2．エ　3．イ　4．ア　5．イ

⑨ (1) Aは，いっしょに映画に行くことができなくなったことをBに謝り，その理由を述べている。「ああ，なるほど。また今度ね」が適切。

(2) Aは，運動のために早起きをしているとBに伝えている。「本当？　私も早起きをしてみます」が適切。

(3) Bは，「はい，お願いします。それは一番のお気に入りです」と答えているので，おかわりを勧める「もう少し魚はいかがですか？」が適切。

（答）(1) ア　(2) イ　(3) ア

⑩ (1) Aが最後に「楽しい休暇を過ごしてください」と言っていることから，Bが観光のために訪れていることがわかる。

(2) 映画館までの所要時間が45分で，上映開始時刻の10分前には映画館に着いていなければならない。上映開始時刻が午後5時なので，家を出るのは午後4時5分になる。

(3) 来月に卒業式を迎える二人の会話。ここでは「時が経つのは早い」という意味を表す Time flies. が適切。

(4) 「今，彼は家にいません」というせりふから考える。「伝言を預かる」＝ take a message。

(5) 直後の「カメラをバッグの中に入れてください」というせりふから考える。No photographs ＝「写真撮影禁止」。

（答）(1) え　(2) あ　(3) い　(4) あ　(5) い

6．会話文

(71 ページ)

① 1．旅行者に声をかけている場面。May I help you? ＝「何かお手伝いしましょうか？」。

2．USJ を勧める理由。It's very famous. ＝「そこはとても有名です」。

3．Bが「オーストラリアです」と答えていることから考える。Where are you from? ＝「あなたはどちらの出身ですか？」。

4．Bから「あなたの英語はとても上手です」と言われたことに対するせりふ。I study English very hard. ＝「私はとても熱心に英語を勉強しています」。

5．旅行者に対する別れ際の言葉。Have a good day. ＝「良い一日を」。

（答）1．ア　2．カ　3．オ　4．ウ　5．エ

② 1．直後に店員がカレーの中身を説明している。①の「それの中に何が入っていますか？」が適切。

2．客はにんじん抜きのカレーを頼みたかったが，次のせりふでチーズピザを注文している。③の「すみません。もうカレーを作ってしまいました」が適切。

3．店員が直前のせりふで飲み物は必要かたずね，直後のせりふではサイズを確認している。④の「コーラをもらえますか？」が適切。

答 1. ①　2. ③　3. ④

3 (1) クリスがラーメンを「素晴らしい」と言ったので，マサルは「あなたが気に入ってくれてうれしい」と言った。

(2) 次にクリスがもう一杯もらっていいかたずねている→「私はまだお腹がすいています」。

(3) serving ＝「一人前」。

(4) 替え玉が100円でもらえると聞いて，クリスは「いいね！」と言った。

(5) I'm always here to help. ＝「私はあなたを手伝うためにいつでもここにいます」。

答 (1)エ　(2)イ　(3)エ　(4)ウ　(5)ア

◀全訳▶

クリス：素晴らしい。

マサル：きみが気に入ってくれてうれしいよ。

クリス：ねえ，ぼくはまだお腹がすいているんだ。もう一杯もらっていいかい？

マサル：どうぞ。

クリス：食券をもう1枚買いに行ってくるよ。

マサル：ちょっと待って。きみは豚骨ラーメンを食べたよね。

クリス：そうだよ。どうして？

マサル：じゃあ「替え玉」をもらうことができるよ。

クリス：替え玉って？

マサル：ええと。それはおかわりみたいなものだよ。彼らはきみのスープの中にさらに一人前の麺を入れてくれるんだ。それはたったの100円だよ！

クリス：それはいいね！

～替え玉（追加の麺）を注文しました。～

クリス：どうもありがとう。

マサル：ぼくはいつでもきみのことを手伝うよ。

4 (1) バター作りができるのは週末の土日のみ。「週末に」＝ on the weekend。

(2) 「アイスクリーム作りに参加することができる」。「～に参加する」＝ take part in ～。

(3) アイスクリーム作りの参加費用は1人1000円。母親も参加したいと言っているので2000円支払う必要がある。

(4) 開始時間の30分前までに申し込みをすることが必要なので，11時からの乳しぼり体験に参加するには10時30分までに申し込まなければならない。今10時15分なので，あと15分しかない。

(A) 「あなたは幼すぎるから乗馬はできない」。「～すぎて…できない」＝ too ～ to …。

答 (1) weekend　(2) take　(3) 2000　(4) 15　(A) are too young to

◀全訳▶

A：何をしてみたい？

B：牛の乳しぼりと，乗馬と，バター作りをしてみたい。

A：今日は水曜日だからバター作りをやってみることはできないわ。それは週末だけなの。

B：ああ，そうだね。

A：それに，あなたは幼すぎるから乗馬はできないわ。

B：本当？　それは残念。

A：とにかく，午前中は牛の乳しぼりをしましょう。午後は何をする？

B：そうだな。アイスクリーム作りに興味がある。13時からアイスクリーム作りに参加することができるよ。

A：いいわね。私もそれをしてみたい。では，私たちは2000円支払わなければいけないわね。ああ，早く乳

しぼり体験に申し込む必要があるわ。

B：今日はここにあまり多くの人がいないから急ぐ必要はないよ。

A：いいえ，問題は人数ではないの。今は 10 時 15 分だから，それに申し込むのにあと 15 分しかないのよ。

B：ああ，大変！　急ごう，お母さん。

5 (1)　ケイがローザの母に，ローザと話したいと言った→「わかりました。少し待ってください」。

(2)　次にローザが「私はテレビを見ているところです」と言った→「あなたは何をしていますか？」。

(3)　次にローザが「私は再放送を見ています」と言った→「今見るものはありません」。

(4)　ケイに「集まって何かしましょう」と言われたが，ローザは用事があるので，「明日はどうですか？」とたずねた。

(5)　ケイが「今日と同じになると思います」と言うのを聞いて，ローザは「それでは外で何かができます」と言った→「明日の天気はどうですか？」。

(6)　次にローザが「はい。明日，川のそばで吹奏楽のコンサートがあると思います」と言った→「明日，参加できる何か特別なイベントはありますか？」。

答 (1)(オ)　(2)(キ)　(3)(エ)　(4)(ア)　(5)(イ)　(6)(ク)

◀**全訳**▶

ローザの母：もしもし？

ケイ　　　：もしもし，ベイカーさん。ケイです。ローザと話せますか？

ローザの母：もちろん，いいわよ。ちょっと待ってね。

ケイ　　　：ありがとうございます。

〈1 分後〉

ローザ：こんにちは，ケイ。ローザよ。

ケイ　：やあ，こんにちは。何をしているの？

ローザ：私はちょうどテレビを見ているところよ。

ケイ　：本当に？　今見るものなんてないよね。

ローザ：そうなの。私は再放送を見ているの。それは面白くなくて，退屈よ。

ケイ　：なるほど。集まって，何かしようよ。

ローザ：そうしたいけれど，今晩，夕食のために祖父母と会わなければならないの。明日はどう？

ケイ　：いいよ。明日のために何か計画しよう。

ローザ：明日の天気はどんな感じなの？

ケイ　：今日と同じようになると思うよ。

ローザ：それはいいわね。それじゃあ，私たちは外で何かをできるわね。

ケイ　：明日，参加できる何か特別なイベントがあるかい？

ローザ：ええ。明日，川のそばで吹奏楽のコンサートがあると思うわ。

ケイ　：ああ，ぼくもそれについて聞いたよ。

ローザ：それは何時に始まるの？

ケイ　：それは午後 1 時に始まるよ。きみは大丈夫かい？

ローザ：問題ないわ。

ケイ　：昼食のために，11 時 30 分に会おう，そしてその後，そこへ行くことができるよ。

ローザ：完璧ね。明日会いましょう。

6 1．あ．シナガさんの 6 つ目のせりふを見る。テンペについて，「それもまた納豆のように大豆から作られている」と言っている。

い．タナカさんの 3 つ目のせりふを見る。「それ（納豆）はにおいがきつい」と言っている。

2．① シナガさんの「それは大豆から作られていますよね？」というせりふへの返答。**え**の「はい」が適切。

③ シナガさんのテンペについての説明を聞いたタナカさんの応答。**う**の「それは興味深いです」が適切。

④ タナカさんに「テンペについてもっと教えてください」と頼まれたシナガさんの返答。**あ**の「いいですよ」が適切。

⑤ シナガさんから家にテンペを食べに来ないかと誘われたタナカさんの返答。**い**の「いいですね」が適切。

3．直後に「納豆のように」とあることから，「それもまた『大豆』から作られている」とする。

4．「～はどうですか？」＝ How（または，What）about ～?。

答 1．あ．大豆 い．におい 2．① え ③ う ④ あ ⑤ い 3．soybeans

　 4．⑥ How（または，What） ⑦ about

◀**全訳**▶

シナガさん：こんにちは。お元気ですか？

タナカさん：私は元気です。あなたはお元気ですか？

シナガさん：私も元気です，ありがとう。今朝，私は初めて納豆を食べました。

タナカさん：それは私が一番好きな食べ物です。あなたはそれを気に入りましたか？

シナガさん：ええ。それはおいしかったです。

タナカさん：へえ，本当ですか？　私の外国人の友人たちは，納豆はにおいがきついのでそれが好きではありません。

シナガさん：それは大豆から作られていますよね？

タナカさん：はい。大豆はたくさんのたんぱく質を含んでいて，とても健康的です。

シナガさん：納豆はインドネシアのテンペに似ています。

タナカさん：テンペ？　それは何ですか？

シナガさん：それは私の国で人気がある食べ物です。それもまた納豆のように大豆から作られていて，味も納豆のようです。

タナカさん：それは興味深いですね。私はあなたの国に納豆のような食べ物があるとは思いませんでした。

シナガさん：インドネシアの近くのいくつかの国にもテンペのような食べ物があります。

タナカさん：そうなのですか？　私にテンペについてもっと教えてください。

シナガさん：いいですよ。私の家にいくつかのテンペがあります。私の家にそれを食べに来ませんか？

タナカさん：いいですね！　私はいつあなたを訪ねたらいいですか？

シナガさん：今週の土曜日の午後はいかがですか？

タナカさん：大丈夫です。

シナガさん：よかったです！　私はあなたがテンペを気に入ってくれればいいなと思います。

⑦ 問1．1．「山の頂上は少し寒い」に対する応答。エの「ジャケットを持っていく」が適切。

2．タカシが we can と答えているので，Can ～?とたずねる文を選ぶ。レストランがあると答えているので，食事についてたずねる文を選ぶ。

3．レストランについて話している。ジャックが「おいしい食べ物と景色を楽しむことができる」と答えていることに注目。

4．ジャックが「日曜日がいい」と答えている。山に行く曜日についてたずねる文を選ぶ。

問2．直前の I don't like it の it は「山（に行くこと）」。ジャックが山が好きではない理由を考える。直後でタカシが「そこには虫はそんなにたくさんいない」と言っているので，ジャックは虫を心配していると考えられる。

答 問 1.　1.　エ　2.　イ　3.　キ　4.　オ　問 2.　（例）there are many insects in the mountain

◀全訳▶

タカシ　：やあ，ジャック。今週末に山に行かないかい？

ジャック：うーん…。ごめん。（山には虫がたくさんいる）から，僕は山が好きではないよ。

タカシ　：そのことは心配しないで。この山はとても高いよ。そこには虫はそんなにたくさんいないよ。

ジャック：わかった。行くよ。

タカシ　：やった。山の頂上は少し寒いよ。

ジャック：わかった。ジャケットを持っていくよ。

タカシ　：夏に 20 度くらいだよ。地上よりずっと寒いよ。

ジャック：そこで昼食を食べることはできるの？

タカシ　：もちろん，できるよ。いいレストランがあるんだ。レストランから琵琶湖が見えるよ。

ジャック：それはすばらしい！　僕たちはおいしい食べ物と景色を楽しむことができるね。

タカシ　：君は何曜日がいい？

ジャック：僕は日曜日がいいよ。山に行くのが楽しみだな。

8　問 1.　(1)　make a speech ＝「スピーチをする」。

　　　　(2)　tell A B ＝「A に B を教える」。

　　　　(3)　sing ～＝「～を歌う」。

　　　　(4)　go to ～＝「～に行く」。

　　問 2.　A.　スージーはヒロキが日本文化についてのスピーチをすると聞いた→ウの「それはよさそうです」が
　　　　　　適切。

　　　　　B.　スージーは「面白い日本文化を教えて」と頼まれた→アの「もちろん」が適切。

　　　　　C.　スージーはヒロキにお礼を言われた→エの「どういたしまして」が適切。

　　問 3.　「月曜日」＝ Monday。

　　問 4.　「～のうちの 1 つ」＝ one of ～。is one of the famous Japanese cultures となる。

　　答 問 1.　(1) エ　(2) カ　(3) ア　(4) ウ　問 2.　A.　ウ　B.　ア　C.　エ　問 3.　Monday

　　　　問 4.　ウ⇒オ⇒ア⇒エ⇒イ

◀全訳▶

ヒロキ　：ぼくは次の月曜日の英語の授業で，日本文化についてのスピーチをしなければならないんだ。

スージー：それはよさそうね。日本には多くの文化があるわ！

ヒロキ　：きみにとって最も面白い日本文化をぼくに教えてくれる？

スージー：もちろん，それはカラオケよ！　私は J-POP を歌うことが好きなの！　私はそれから日本語を
　　　　　学んだのよ。

ヒロキ　：カラオケ？　それは日本の文化なの？

スージー：ええ，そうよ。それは有名な日本文化の 1 つよ。

ヒロキ　：ぼくはそのことを知らないよ。ぼくは日本文化についての本を借りるために市立図書館に行くよ。
　　　　　ありがとう。

スージー：どういたしまして。頑張って！

9　問 2.　直後でマキが「じゃんけんについて面白い情報をたくさん見つけた」と言っていることから，「何を見
　　つけたの？」とたずねる。

　　問 3.　「有名な」＝ famous。

　　問 4.　「～と同じ」＝ the same as ～。

　　問 5.　直前のマキのせりふが Do you ～?とたずねる疑問文なので，I と do を用いて答える。

問6．マキの3つ目のせりふより，フランスでは4つのものを使って対戦するとわかる。

問7．マキの最後のせりふの最終文より，象に勝つのはアリとわかる。

答 問1．(1) ウ　(2) ア　問2．ア　問3．famous　問4．エ　問5．I, don't　問6．ア　問7．ant

◀全訳▶　2人の生徒がインターネット上で何か面白いものを探しています。

ケビン：きみは何を見つけたの？

マキ　：私はじゃんけんについて面白い情報をたくさん見つけたわ。じゃんけんは世界中で有名よ。

ケビン：うん，知ってるよ。アメリカでは，人々はそれをロック・ペーパー・シザーズと呼んでいるんだ。そのルールは日本のじゃんけんと同じだよ。

マキ　：フランスのじゃんけんのことは知っている？

ケビン：いいや，知らないよ。その違いについて教えて。

マキ　：ええっと，フランスでは人々は4つのもの，「石」，「井戸」，「葉」，「はさみ」で対戦するのよ。これを見て。

ケビン：わあ，それは少し難しいね。

マキ　：じゃあ，インドネシアのじゃんけんはどうかしら？　人々は3つのもので対戦するのよ。その3つのものは「人間」，「アリ」，「象」なの。象が人間に勝ち，人間がアリに勝ち，アリが象に勝つのよ！

ケビン：それは変わっているように聞こえるけれど，面白そうだね。

10 問1．① 「私は今朝，朝食を食べなかった」。「今朝」＝ this morning。

② 地図でコンビニエンスストアの位置を確認する。「花屋」のとなりにある。

③ 「次の信号があるところまでオレンジロードを北へ進み，『右』に曲がる」。

④ 「サードストリートを東へ向かい，次の信号を『左』に曲がる」。

⑤ 地図を見ると，コウセン公園は「博物館」の前にあることがわかる。

問2．ⅰ．「剛はエミリーに吹奏楽部の音楽について話す」。吹奏楽部の音楽について話すのはエミリーである。

ⅱ．「コウセン公園へ行く途中で，彼らは左側に警察署を見る」。オレンジロードを北へ歩いているときに左側に警察署が見えるので正しい。

ⅲ．「エミリーは吹奏楽部の歌手である」。エミリーは自分のことを紹介しているが，吹奏楽部の歌手であるとは話していない。

答 問1．① morning　② flower shop　③〔to the〕right　④〔to the〕left　⑤ museum

問2．ⅰ．×　ⅱ．○　ⅲ．×

◀全訳▶

剛　　：あなたは音楽に興味がありますか？

エミリー：はい，あります。私の父は大学で音楽を教えていて，私の母は歌手です。だから，私は3歳のときにピアノのレッスンを始めました。私は将来プロのピアニストになりたいと思っています。

剛　　：ああ，それはすごいですね。

エミリー：コウセン公園へ行く一番よい行き方はどれですか，剛？

剛　　：今，私たちはここにいます。公園へ行く前に，私たちは昼食のために何かを手に入れるべきだと思います。私は今朝，朝食を食べませんでした。だから，私はとてもお腹がすいています。

エミリー：途中にコンビニエンスストアはありますか？

剛　　：ええ，花屋のとなりにコンビニエンスストアがあります。

エミリー：わかりました，それはいいですね。

剛　　：まず，私たちはファーストストリートを東へ行き，最初の信号機で左に曲がります。それから，私たちは次の信号機があるところまでオレンジロードを北へ進み，右に曲がります。

エミリー：ああ！　コンビニエンスストアが見えます。そこで昼食を買いましょう。

剛　　　：店を出た後，右に曲がりましょう。

エミリー：わかりました。行きましょう。

剛　　　：サードストリートを東へ向かい，次の信号機を左に曲がります。公園は右側で，博物館の前にあります。ところで吹奏楽部はどんな種類の音楽を演奏するのですか？

エミリー：彼らはクラシック音楽とポップスの両方を演奏します。

剛　　　：ああ，私はポップスが大好きです。だから待ち切れません。

11 (1)　「どれくらいの時間」= how much time。

(2)　be going to を使った文。「〜に…を話す」= tell 〜 …。

(3)　「私は家でもう一度それをやってみるつもりです」という意味を表す。

(4)　「〜なので」= because 〜。「風邪をひく」= have a cold。

答 (1) How much time can we have　(2) I am going to tell you the next story

(3) try it again at home　(4) because I had a cold

◀全訳▶

先生：さあ，あなたたちの持ち物を片づけなさい，クイズを始めます。みなさん準備はいいですか？　よろしい。始めましょう。

生徒：私たちにはどれくらいの時間がありますか？

先生：問題に答えるために5分あります。

先生：終わりましたか？　よろしい。あなたたちに次の課題シートを渡します。私はあなたたちに絵を使って次の話をします。注意深く聞いて，主要な点をつかんでみてください。（先生はその話を読む）

先生：さあ，あまり時間がありません。シートを返す準備はできていますか？　それを返す前にざっと見てもらえますか？　…時間です。

生徒：この問題に取り組んでみましたが，まだ答えが出ていません。

先生：後でちょっとしたヒントを出しましょう。家でもう一度それをやることができます。

生徒：どうもありがとうございます！　今夜，そうします。

先生：では，宿題として，29ページから30ページを読んで，その質問に答えてください。来週，テストをします。

生徒：すみません，私は先週風邪をひいていたので，学校に来ることができませんでした。だから私はそのページを読みませんでした。

先生：3時に私のところに来てください。そのときあなたを手伝います。

12 問1．①　直後でメアリーが「これは hello に当たる言葉だよね？」と言っていることから，メアリーの言葉をクリスティーナは理解できなかったと考えられる。「あなたは何と言ったの？」とたずねる文が適切。

②　直前でクリスティーナが「オーストラリア出身ではないわ」，直後で「オーストリアのウィーン出身なの」と言っていることから，「じゃあ，どこの出身なの？」とたずねる文が入る。

③　クリスティーナの「私はオーストリアのウィーン出身なの」という言葉を聞いて，メアリーはクリスティーナがドイツ語を話すことに納得している。

問2．現在完了は〈have/has ＋過去分詞〉で表し，動詞の後に目的語が来る。

問3．クリスティーナは，Hei は high（ハイ），li は listen（リッスン），ge は get（ゲット），blu は blue（ブルー）のような読み方だと説明している。

問4．1．メアリーの3つ目のせりふより，正しい。

2．メアリーが「お茶でも飲まない？」と誘った直前の2人のせりふを見る。正しい。

　　3．2人は教室に戻る前にお茶をした。

　　4．クリスティーナの4つ目のせりふとクリスティーナの最後から2つ目のせりふを見る。クリス
　　　　ティーナの出身地はオーストリアで，ベートーヴェンが生まれたのはドイツ。

　　5．クリスティーナの最後の2つのせりふより，正しい。

答 問1．①ウ　②イ　③ア　問2．I have eaten lunch　問3．ウ

　　問4．1．○　2．○　3．×　4．×　5．○

◀**全訳**▶

メアリー　　　　：G'day!

クリスティーナ：何と言ったの？

メアリー　　　　：これは hello に当たる言葉だよね？

クリスティーナ：私たちは hello の代わりに「*Grüß Gott*」と言うわ。私たちはドイツ語を話すの。

メアリー　　　　：オーストラリアでは人々はドイツ語を話すの？

クリスティーナ：私はオーストラリア出身ではないわ。

メアリー　　　　：じゃあ，どこの出身なの？

クリスティーナ：私はオーストリアのウィーン出身なの。

メアリー　　　　：ああ，なるほどね。多分，先生の話を注意して聞いていなかったわ。ところで，私は昼食
　　　　　　　　　を食べたわ。あなたは？

クリスティーナ：ええ。昼食を食べたわ。

メアリー　　　　：よかった。じゃあ，お茶でも飲まない？　私たちには次の授業が始まるまでまだいくらか
　　　　　　　　　の時間があるわ。

クリスティーナ：ぜひそうしましょう。私は英国のお茶を楽しむわ。

　（彼女たちは座ってお茶を飲んでいます。）

メアリー　　　　：ああ，ところで，ドイツ語を話す人々はたいていそのように言うの？

クリスティーナ：例えばどんなこと？

メアリー　　　　：「I have lunch eaten」よ。

クリスティーナ：ああ，そうなのよ！　私はよくこの間違いをするの。私は「I have eaten lunch」という
　　　　　　　　　言うべきなのよね？

メアリー　　　　：素晴らしいわね。あなたは上手な英語を話すわ。ところで，オーストラ…オーストリアっ
　　　　　　　　　てどんな国なの？

クリスティーナ：2020年には，ベートーヴェン生誕250周年の多くの大きなイベントが開催されるわ。

メアリー　　　　：すてきね！　訪れるべき場所はある？

クリスティーナ：ウィーンよ。ベートーヴェンはドイツで生まれたけれど，彼は長い間，ウィーンで働いて
　　　　　　　　　いたの。それと私のスマートフォンを見て。あなたはこの村も気に入るわよ。

　（メアリーは「Heiligenblut」という言葉を見つけます。）

メアリー　　　　：Hey-li-jen-blat?

クリスティーナ：ああ，Hei は high のような発音で，li は listen，ge は get，blu は blue のような発音よ。
　　　　　　　　　ハイリゲンブルートは高い山々に囲まれた高い谷にある美しい村のことで，真ん中に美しい
　　　　　　　　　教会があるのよ。

メアリー　　　　：素晴らしいわね。ああ，授業に戻る時間ね。行きましょう。

7．長文読解

（82 ページ）

1 (1)　あなたは土曜日のバースデイアレンジメントに参加したい。何時に始まるか？→表を見る。11 時に始まる。weekends ＝「週末」。

(2)　人々はどのようにして参加できるか？→案内を見る。E メールを送ればよい。

(3)　だれがレッスンを受けることができるか？→ 1 文目を見る。「成蹊フラワーパークでは，だれでも花をいけるのを学ぶことができます」と書かれている。

答 (1) い　(2) う　(3) う

◀全訳▶

成蹊フラワーパーク

花をいけて楽しみませんか？

成蹊フラワーパークでは，だれでも花をいけるのを学ぶことができます。下の情報を確認してください。

プラン	時間／日	費用
基本	10 時から 12 時 火曜日のみ	30 ドル
バースデイ アレンジメント	11 時から 13 時 週末	70 ドル

E メールを seikei-flower-park@s-osaka.ac.jp に送ることで参加できます。

案内：

—個人レッスンには追加の 20 ドルがかかります。

　個人レッスンは週末のみに開催されます。

—12 月 20 日から 1 月 7 日までは閉まっています。

もっと多くの情報は，私たちに電話をするか，私たちを訪ねてください。

　電話番号：555-9013　住所：大阪市相川町成蹊 1-23-4

---

2 1．「ポスターは何のためのものですか？」。ポスターは「七夕星祭り」という「イベント」のための案内である。

2．「このお祭りですることができないのは何ですか？」。「イベントプログラム」の欄を見る。このイベントには「オリジナル T シャツ作り」のプログラムはない。

3．「あなたは 14 時に到着します。あなたは何ができますか？」。「イベントプログラム」のそれぞれの「時間」を見て，14 時以降に行われるものを選ぶ。

4．「あなたは 15 歳の学生で，母親と一緒に七夕星祭りを楽しみたいと思っています。あなた方はいくら払うことになりますか？」。「チケット」の欄を見る。子ども料金になるのは 12 歳以下で，それ以上は大人料金となる。大人一人あたり 5 ドルなので，合わせて 10 ドルになる。

答 1．③　2．②　3．①　4．④

◀全訳▶

七夕星祭り

7 月 7 日，土曜日の

わくわくする日にご参加ください！

〈場所〉

　　　カワホリ通りの聖アグネス・センター。

〈イベントプログラム〉

　No.1　楽しい折り紙教室（30分）

　　　　時間：11時，13時，15時

　　　　場所：1階ロビー

　No.2　短冊作り（45分）

　　　　このお祭りについてあらゆることを学び，短冊に願いごとを書くことができます。

　　　　時間：10時，12時，14時

　　　　場所：2階アグネス・ホール

　No.3　七夕音楽ショー（40分）

　　　　時間：12時，13時

　　　　場所：3階301号室

　No.4　暑中見舞いカード作り（30分）

　　　　時間：10時30分，11時30分，13時30分

　　　　場所：3階302号室

〈チケット〉

　　　大人…5ドル　子ども（5〜12歳）…2ドル

　　　4歳以下の子ども…無料

　　　お祭りについての詳しい情報は www.stagnes.com まで

3　問1．①　「英語をあまり知らなかったのですが，よい生徒でした」。逆接の but が入る。

　　　　②　「彼女の英語が上達し，彼女は修道女が教師を務める学校で教え始めました」。順接の and が入る。

　問2．同じ文の前半を見る。学校が始まるより前のことを表している。

　問3．第3段落の2文目以降を見る。「毎朝，長時間祈る」→「午前と午後に学校で働く」→「夜にも学校で暮ら

　　　している女子生徒たちのために働く」→「再び祈り，眠りにつく」の順。

　問4．テレサたちが神に仕える修道女であったことから考える。His love ＝「神の愛」。

　問5．最終段落の最終文を見る。「その後，1944年から4年間校長を務めました」とあることから，1948年

　　　まで校長を務めたことがわかる。

　問6．1．第1段落の3文目を見る。正しい。

　　　　2．第1段落の最終文を見る。テレサの英語力は2年で上達した。

　　　　3．第4段落の3・4文目を見る。修道女たちは家族に会うこともできなかったが，幸せだった。

　　　　4．最終段落の1文目を見る。正しい。

　答　問1．①but　②and　問2．イ　問3．イ→エ→ウ→ア　問4．エ　問5．1948（年）

　　　問6．1．T　2．F　3．F　4．T

◀全訳▶　若いシスター・テレサは英語をあまり知らなかったのですが，よい生徒でした。彼女は親しみもあ

り，よくほほ笑みました。彼女はそこで幸せに暮らしていました。2年後，彼女の英語が上達し，彼女は修道

女が教師を務める学校で教え始めました。

　その後，彼女はコルカタにあるロレット修道女学校の一つに移りました。その名前はロレット修道会とい

い，女子生徒のための大きな学校でした。そこの女子生徒の多くは貧しい家庭の出身でした。

　学校の一日は早朝に始まりましたが，修道女の一日はそれよりも前に始まりました。毎朝，修道女たちは

長時間祈りました。その後，彼女たちは午前と午後に学校で働きました。彼女たちは夜にも働きました，な

ぜなら女子生徒たちの多くがその学校で暮らしていたからです。長い一日が終わると，彼女たちは再び祈り，そして眠りにつくのでした。

　　修道女たちに休日はありませんでした。彼女たちが音楽を聴いたり買い物に行ったりすることはありませんでした。彼女たちは家族に会えませんでした。しかし神のために生きていたため，彼女たちは幸せでした。毎朝神の愛を思い出すことができたので，彼女たちは一日中幸せで力強く生活していました。

　　シスター・テレサは教えることが好きで，それが得意でした。彼女は 12 年間ロレット修道会で教師をし，その後，1944 年から 4 年間校長を務めました。

4　問1．直前に「オーストラリア人にとって，青色はうれしい色ではない」と書かれている。they は「オーストラリア人」を指している。

　　問2．直前に「だれかが亡くなると，オーストラリア人と日本人は黒色を着る」と書かれている。They は「日本とオーストラリアの人々」を指している。

　　問3．「白色はどうですか？」。「それでは，黒色はどうですか？」。「～はどうですか」＝ how about ～。

　　問4．直前に「彼らは結婚式でも黒色を着る」という文がある。do so はそのことを指している。

　　問5．some ～, others … ＝「～もあれば，…もある」。

　　問6．「幸運な色もあれば，幸運でない色もある」。「幸運」＝ lucky。

　　答　問1．ウ　問2．イ　問3．エ　問4．ウ　問5．ア　問6．lucky

◀全訳▶　　たくさんの人々が違った色を好みます。彼らの一番好きな色はふつう同じではありません。多くの文化では，色には違った意味があります。

　　例えば，青色という色を取り上げましょう。オーストラリア人にとって，青色はうれしい色ではありません。彼らはうれしさを感じない時，時々「I feel blue.」と言います。フランスでは，青色は驚きの感情を意味します。白色はどうですか？　オーストラリア人と日本人にとって，白色は何か清潔なものを意味します。だから，オーストラリアと日本の結婚式では，女性のドレスはふつう白色です。韓国人にとって，白色は悲しい色です。韓国の結婚式では，女性はふつう明るい色を着ます。中国では，だれかが亡くなると，彼らは白色を着ます。それでは，黒色はどうですか？　だれかが亡くなると，オーストラリア人と日本人は黒色を着ます。彼らは結婚式でも黒色を着ます。しかしインドネシアの人々は，黒色は不運を意味するので，決してそうしません。

　　色の中にはうれしさを意味するものもあれば，悲しみを表すものもあります。幸運な色もあれば，そうでない色もあります。あなたの一番好きな色は何ですか？

5　1．「クーポン券」の欄を見る。クーポン券 1 冊はコーヒー 10 杯分と同じ金額である。クーポン券は 22 ドルなので，コーヒー 1 杯は 2.2 ドルである。

　　2．「ポイントプログラム」の欄を見る。メンバーズカードを提示すると「ご利用 3 ドルにつき，1 ポイント進呈」と書かれている。

　　3．最後の文を見る。インターネットは 1 日に 3 回，1 回ごとに 2 時間利用することができる。up to ～ ＝「最大で～まで」。

　　答　1．c　2．b　3．a

◀全訳▶

令和ビーチカフェ

　　令和ビーチカフェは，西海岸で最高のコーヒーとホットドッグを提供する素敵なカフェです。

クーポン券

　　当店ではクーポン券をご用意しております。クーポン券 1 冊は，コーヒー 10 杯分と同じ金額です。これ

らのクーポン券で11杯のコーヒーをお飲みいただけます。

　・クーポン券（11杯分）　22ドル

ポイントプログラム

　当店の特別なサービスを受け取りませんか？　もしご希望なら，メンバーズカードをお作りください。当カフェをご利用になる際にカードをご提示ください。ご利用3ドルにつき，1ポイント進呈いたします。20ポイントたまりましたら，無料でホットドッグを1つプレゼントいたします。カードは6か月間ご利用になれます。

無料インターネットのご利用

　ほとんどすべてのパソコンやスマートフォンで，高速インターネットのご利用がお楽しみいただけます。インターネットのご利用を開始するためには，下記の手順に従っていただくだけです。

　1．reiwabeach-free というネットワークを選んでください。

　2．インターネット閲覧ソフトを開いてください。ログイン画面が表示されます。

　3．利用規約をお読みになった後，ボックスにチェックを入れ，「ログイン」をクリックするかタップしてください。

　インターネットは1日に3回，1回ごとに2時間ご利用いただけます。

6　1．下線部の結果は続く文に書かれている。完成させる文が受け身〈be 動詞＋過去分詞＋ by ～〉になっていることに注意する。

　2．ジョーンズ氏がこのようにした理由を述べている最終段落を見る。帽子には名前と住所が書かれておらず，かばんには書かれているので，両方を見つけた人が送ってくれると考えた。

　3．ア．第1段落の冒頭を見る。山々に行くとだけ述べている。

　　イ．「彼は旅の間に山々を見た」。本文の内容と合う。

　　ウ．第2段落を見る。投げようとしたのではなく，実際に投げた。

　　エ．最終段落を見る。かばんが帽子を取り戻すわけではなく，だれかがそれらを一緒に送ってくれると考えた。

　答　1．hat, wind　2．(A) name　(B) address　(C) bag　(D) hat　(E) send　3．イ

◀全訳▶　ジョーンズ氏は数日の休暇を取ったので，「私は電車で山々へ行くつもりです」と言いました。彼は一番いい服を着て小さなかばんを持って駅へ行き，電車に乗り込みました。彼は美しい帽子をかぶっており，旅の間にたびたび窓から頭を出して，山々を見ました。しかし，風が彼の帽子をはぎ取りました。

　ジョーンズ氏は素早く自分の古いかばんを取って，それも窓から外に投げました。

　車両にいた他の人々は笑いました。「あなたのかばんが美しい帽子を取り戻してくれるのですか？」と，彼らはたずねました。

　ジョーンズ氏は「いいえ」，「でも，帽子には名前も住所も書かれていませんが，かばんには名前と住所が書かれています。だれかが互いの近くにそれら両方を見つけて，私にかばんと帽子を送ってくれます」と答えました。

7　問1．「財布をなくすことは大きな問題である」。動名詞が主語になる文である。

　問2．「『人口』が1,400万人にどんどん近づいていくにつれて，毎年，東京では何百万もの物が行方不明になる」。

　問3．直前で，身分証の73％が持ち主に返却された話が書かれてあり，あとに携帯電話や財布が返却された話が続いている。「加えて，さらに」という意味の語句が入る。

　問4．integrity ＝「誠実，正直」。同意の語は honesty。

　問5．be brought to ～＝「～に届けられる」。nobody ＝「誰も～ない」。

問6. 1.「もし，どこかで財布を落としたら，どんなことが起こるかもしれませんか？」。第1段落の3文目を見る。「数時間，お金を支払う方法を失うかもしれない」。

　　2.「東京では，遺失物がしばしば1日で持ち主に戻りますか？」。第2段落の最終文で，遺失物について，「しばしばこれらの物は同じ日に返された」と書かれているので，Yes で答える。

　　3.「なぜ，『正直者』は地元のニュースチャンネルでインタビューを受けたのですか？」。第3段落の前半を見る。「なぜなら，なくした財布を届け出ることは，サンフランシスコでは珍しいケースだったから」。

答 問1. Losing a wallet is a big　問2. エ　問3. イ　問4. ア

　問5.（順に）警察に届けられた，人は誰もいなかった

　問6. 1. of, paying　2. Yes, they, are　3. a, rare, case

◀全訳▶ 財布をなくすことは大きな問題です。スマートフォンやプリペイド型の IC カードを通してする，現金を用いない支払いは一般的になっていますが，多くの人々は今でも銀行のカードや身分証を自分で持ち歩いています。どこかで財布をなくすことは，数時間の間，お金を支払う方法がない状況を引き起こすかもしれません。それはまた，あなたのカードを破棄して，新しいカードを作ることを意味する可能性もあります。しかし，東京では再びあなたの所持品に出会うより多くの機会があるでしょう。

　人口が 1,400 万人にどんどん近づいていくにつれて，毎年，東京では何百万もの物が行方不明になります。しかし，それらの多くは戻ってくるのです。2018 年には，なくなった総数の 73 ％にあたる，54 万 5,000 枚以上の身分証が警視庁によって，持ち主に返却されました。さらに，13 万台の携帯電話（83 ％）と 24 万個の財布（65 ％）が戻ってきました。しばしばこれらの物は同じ日に返されました。

　「サンフランシスコに住んでいたとき，チャイナタウンのある人のニュースの話を覚えています。彼は財布をなくして，誰かがそれを警察に届け出ました」と，ニューヨークの，ニューヨーク州立工科大学出身の心理学者であるカズコ・ベーレンスは言います。その話は珍しいケースだったので，発見者は地元のニュースチャンネルでインタビューを受けて，「正直者」という称号を与えられました。そのような正直な行動は，ベーレンスの母国である日本ではそれほど特別なことではありません。「日本人にとって，それは，『そうですね！　もちろん彼らは届け出るでしょうね』というようなものです。もし，財布を届け出なければ，より珍しいものとなったでしょう。それはまったく驚くべきことでしょう」

　この種の正直さは，多くの日本人の間で共有されていますが，これはおそらく発見者の謝礼金や遺失物を彼らのものと請求する権利からくるものではありません。実際，昨年度は 15 万 6000 台の携帯電話が警察に届けられたにも関わらず，それらをもらおうとした人は誰もいませんでした。

8 (1)ア.「トライアスロンでゴールするには，最初に泳ぎ，次に自転車に乗り，最後に走る」。第1段落の5～7文目を見る。正しい。

　イ. 第1段落の8文目を見る。初心者用イベントのレースは「初夏」に行われる。

　ウ. 第2段落の2文目を見る。1年生のためのミーティングは 16 時から 16 時 30 分までの 30 分間。

(2)ア.「毎週，休みが週に1日ある」。毎週金曜日は練習が休みとなっている。正しい。

　イ. 火曜日は2種類の練習をする日と，1種類の練習しかしない日がある。

　ウ.「彼らは週に3回水泳の練習をする」。月曜日，水曜日，土曜日に水泳の練習がある。正しい。

　エ.「彼らは日曜日よりも木曜日の方が長い距離を走る」。表の木曜日と日曜日を比べる。正しい。

　オ.「彼らは土曜日にはいつも水泳と自転車の練習をする」。表の土曜日を見る。正しい。

　カ. 最終週の水泳の距離は前週よりも短い。

　キ.「彼らは火曜日には土曜日と同じ距離を自転車で走る」。火曜日と土曜日の自転車の距離を比べる。正しい。

　ク.「彼らは土曜日には日曜日ほど長く自転車で走らない」。自転車で走る距離は土曜日の方が長い。

(3)ア．「彼らは2週目にどれくらいの距離を走りますか？」。2週目は木曜日に5キロメートルと日曜日に3キロメートルを走る。

　イ．「彼らは4週目に何回自転車に乗りますか？」。4週目は火曜日，土曜日，日曜日に自転車に乗る。

　ウ．「彼らはレース週にどれくらいの距離を泳ぎますか？」。レース週は，月曜日に1キロメートル，水曜日に600メートル，土曜日に400メートル泳ぎ，レース当日に400メートル泳ぐ。

　エ．「彼らが最も長く練習するのはどの週ですか？」。各種目の練習距離が最も長いのは5週目。

答 (1)ア．○　イ．×　ウ．×　(2)ア．○　イ．×　ウ．○　エ．○　オ．○　カ．×　キ．○　ク．×

　(3)ア．(a)　イ．(b)　ウ．(d)　エ．(c)

◀全訳▶

> 　こんにちは，みなさん。私たちは早稲田摂陵トライアスロン部です。あなたはトライアスロンを知っていますか？　その中には3つのスポーツが含まれています。まず，あなたは泳ぎます。2つ目に，あなたは自転車に乗ります。3つ目に，あなたは走ります。下の表は，初夏にある初心者用イベントのための6週間のトレーニングプログラムです。レースの構成は，400メートルのスイム，10キロメートルのバイク，そして2.5キロメートルのランです。トレーニングは通常，すべてのメンバーによって一緒に行われますが，木曜日はチームではなく，個別に練習が行われます。トレーニングは上手なコーチのもとで，次第にハードになっていきますが，レース週には競技に備えて体調を整えなければならないため，あまり長い練習は行いません。
>
> 　このすばらしいスポーツを通じて，私たちはあなたが私たちと一緒に学校生活を楽しむことができるだろうと信じています。次の木曜日の16時から16時30分まで，219号室にて，1年生のためのミーティングを行う予定です。私たちと一緒にやりませんか？

9 1．「おそらくみなさんの何人かはテレビかインターネットで，口にレジ袋をくわえたイルカを見たことがあるだろう」。現在完了の経験用法なので，過去分詞にする。

2．直前に「私はよく学校で飲み物を買って，ペットボトルを捨てた」とある。環境に悪いことは，「ペットボトルを捨てること」である。

3．「私はそれが環境に悪いことを学んだ，『だから』今，私は自分の水筒を学校に持っていく」。

4．「自分の水筒とお菓子を持ってこよう」という意味の文。環境のためにできることを述べた最終段落に入れるのが適切である。

5．Ⅰ．「彼女は私たちの日常生活で『プラスチック』のごみを減らす方法を私に教えてくれた」。
　Ⅱ．「しかし今，彼女は家から自分の『水筒』を持ってくる」。

6．ア．「陽菜は環境を救うために3つのことをしている」。陽菜は「エコバッグを使う」「水筒を学校へ持ってくる」「サンドイッチを作って持ってくる」の3つのことをしているので正しい。

　イ．「陽菜は買い物に行くとき，時々，彼女の『エコバッグ』を持っていく」。第1段落の3文目を見る。「これは特別なバッグです。私は買い物に行くとき，いつもそれを持っていきます」と述べている。

　ウ．「プラスチックは土にかえることができないので，魚や海の動物はプラスチックによって傷つけられる」。第2段落の前半を見る。魚や海の動物が土にかえることができないプラスチックによって傷つけられることが書いてあるので正しい。

　エ．「毎年，約1,800万トンのプラスチックが海に入っていく」。第2段落の後半を見る。「毎年，約800万トンのプラスチックが海に入っていく」と書いてある。

　オ．「陽菜の母親は，放課後に食べるために彼女にサンドイッチを作る」。第4段落の最終文に「今，私は自分のサンドイッチを作って持ってくる」とある。陽菜は自分でサンドイッチを作っている。

答 1．seen　2．飲み物を飲んだ後，ペットボトルを捨てていること。（同意可）　3．イ　4．D
　5．I．plastic　II．bottle　6．ア・ウ

◀全訳▶ おはようございます，みなさん。これを見てください。これは特別なバッグです。私は買い物に行くときに，いつもそれを持っていきます。ところで，おそらくみなさんの何人かはテレビかインターネットで，口にレジ袋をくわえたイルカを見たことがあるでしょう。今日，私は海のプラスチック汚染について話したいと思います。

　海のプラスチック汚染によって魚や海の動物が傷つけられるので，それは大きな問題になっています。食べ物や紙のような多くのものは土にかえることができますが，プラスチックはかえることができません。レジ袋やペットボトル，プラスチックの包装のようなたくさんのプラスチックが捨てられて，海に入っていきます。毎年，約800万トンのプラスチックが海に入っていきます。もし，このことが続けば，約50年の間に海中のすべてのプラスチックの重さは，海中のすべての魚の重さを超えると科学者たちは言います。

　これを止めるために私たちに何ができるでしょうか？　去年の7月以前は，買い物に行ったとき，日本人は無料のレジ袋をたいていもらいました。でも今は新しい規則があります。人々はレジ袋にお金を払う必要があります。だから，「エコバッグ」を持っていくことはとてもよい考えだと私は信じています。でも，別の種類のプラスチックがあるので，それは十分ではありません。そう，ペットボトルとプラスチックの包装です。

　私がこれらの問題について母と話したとき，彼女は「水筒にお茶を入れて学校に持っていってはどう？」と言いました。私はそれはよい考えだと思いました。私はよく学校で飲み物を買って，ペットボトルを捨てました。私はそれが環境に悪いことを学びました，だから今，私は自分の水筒を学校に持ってきます。放課後にお腹がすいたとき，私はよくお菓子を買って，いつもプラスチックの包装を捨てました。それもまた環境に悪いことでした。今，私は自分のサンドイッチを作って持ってきます。

　みなさん，プラスチックのごみを減らすために，私たちは多くのことができます。自分のエコバッグを使いましょう。自分の水筒とお菓子を持ってきましょう。もし私たちそれぞれが生活様式を少し変えれば，環境と私たちの生活に大きな変化を生み出すことができます。

10 問1．カラスが白鳥と自分を比べている場面。直後に「そしてぼくはとても黒い」と言っていることから，「この白鳥はとても『白い』」とする。

問2．2色のオウムがクジャクと自分を比べている場面。「クジャクはたくさんの『色』を持っている」とする。

問3．「～のせいで」= because of ～。「～に閉じ込められている」= be locked in ～。I am locked in this zoo because of my beauty.となる。

問4．クジャクが気づいた内容は直後の that 以下にある。be kept in a cage =「おりに入れられている」。go anywhere =「どこへでも行く」。at any time =「いつでも」。

問5．compare A with B =「A を B と比べる」。〈become ＋形容詞〉=「～（の状態）になる」。

問6．ア．「カラスは白鳥に会うまで自分の暮らしに満足していた」。第1段落を見る。正しい。
　　イ．第2段落の後半を見る。オウムの考えでは，すべての中で一番幸せな鳥はクジャクである。
　　ウ．「人々が自分を大好きであるなら，彼らは地球上で一番幸せである」。最終段落の最終文を見る。正しい。

答 問1．イ　問2．colors　問3．（3番目）エ　（5番目）イ
　問4．A．おりに入れられていない（11字）　B．いつでもどこへでも行く（11字）（それぞれ同意可）
　問5．私たちはしばしば自分と他の人を比べて悲しくなる。問6．ア．○　イ．×　ウ．○

◀全訳▶ 1羽のカラスが森に住んでおり，彼は自分の暮らしに満足していました。しかしある日，彼は白鳥を見ました。「この白鳥はとても白い」と彼は思いました，「そしてぼくはとても黒い。この白鳥は世界で一番幸せな鳥だ」

彼は自分の考えをその白鳥に伝えました。「実は」と白鳥は言いました，「私はオウムを見るまで自分が一番幸せな鳥だと感じていました。オウムは2つの色を持っています。私は今，オウムが世界で一番幸せな鳥だと思っています」　それでカラスはオウムに会いに行きました。オウムは「私はクジャクを見るまではとても幸せな生活を送っていました。私には2色しかありませんが，クジャクはたくさんの色を持っています」

カラスはそれから動物園のクジャクを訪ね，そこで何百人もの人を見ました。彼らはクジャクを見にきていました。人々が去った後，カラスはクジャクのところへやってきました。「親愛なるクジャクさん」とカラスは言いました，「あなたはとても美しい。だから多くの人が毎日あなたを見にきます。私はあなたが地球上で一番幸せな鳥だと思います」　クジャクは「私はいつも自分が地球上で一番美しく幸せな鳥だと思っていました。しかし，私の美しさのせいで，私はこの動物園に閉じ込められているのです。私は動物園をとても注意深く調べ，あなただけがおりに入れられていないことに気づきました。あなたはいつでもどこへでも行くことができます。だからあなたがすべての中で一番幸せな鳥です」と言いました。

それは私たちの問題でもあります。私たちはしばしば自分と他の人を比べて悲しくなります。私たちは神からの贈り物を価値あるものとして認めません。自分自身のもので幸せになることを学びましょう，他人のものに目を向けてはいけません。あなたより多く持っている人もいれば，その逆の人もいます。人々が自分自身に満足していれば，彼らは世界で一番幸せなのです。

11 問1．① win ＝「勝つ」。反意語は，lose ＝「負ける」。
　　　　⑤ light ＝「軽い」。反意語は，heavy ＝「重い」。
問2．「～である必要がある，～でなくてはならない」＝ need to be ～。「メダルを勝ち取るために」＝ to win a medal。
問3．③ at the age of ～＝「～歳のときに」。
　　　⑥ for ～＝「～にとって」。
問4．あ．過去の文なので，過去形にする。
　　　い．受動態の文なので，過去分詞にする。
問5．ダラが3回続けてオリンピックに出たあとの第2段落後半を見る。「私は十分やったと思う」→ A「彼女は何か他のことがしたかった」→「彼女は泳ぐことをやめた」となる。
問6．「全く～ない」＝ not ～ at all。
問7．第7段落の後半を見る。彼女は週に5日間，25,000メートルしか泳がず，ストレッチを多くやったとある。
問8．ダラは自分の経験が，年齢や環境などの理由で何かをすることができないと考えている人の助けになればうれしいと言っている。理由として「年をとりすぎているから」と「子どもがいるから」が適切。
問9．ア．第1段落の中ほどを見る。岩崎恭子は14歳のときに初めてオリンピックのメダルを勝ち取った。
　　　イ．第4段落の前半を見る。2000年のオリンピック後，ダラは結婚し，子どもを持つことを考え始めて，泳ぐことをやめた。
　　　ウ．「ダラは女の赤ちゃんを生んだとき，人生のどんな日より幸せだった」。第4段落の中ほどを見る。正しい。
　　　エ．「ダラの赤ちゃんは，ダラの父親が亡くなる前に生まれた」。第6段落の冒頭を見る。娘が生まれて数か月後，ダラの父親が亡くなった。正しい。
　　　オ．第6段落を見る。ダラの父親が亡くなったが，水泳が彼女を助けた。
答　問1．① lose　⑤ heavy　問2．need to be young to win a medal　問3．③ ウ　⑥ エ
　　問4．あ．broke　い．chosen　問5．A　問6．at, all　問7．エ　問8．エ　問9．ウ・エ
◀全訳▶　夏季オリンピック大会で最も人気のあるスポーツの1つは水泳です。多くの泳者が若いときにメダルを勝ち取ります。それぞれ初めてオリンピックのメダルを勝ち取ったとき，北島康介は21歳，岩崎恭子は

14歳でした。しかし泳者がメダルを勝ち取るためには若くなくてはいけないのでしょうか？　あるアメリカの女性はそのように考えませんでした。彼女は41歳のときにオリンピックに出て，3つの銀メダルを勝ち取りました。

ダラ・トーレスはいつも優れた泳者でした。彼女はたった14歳のときに50メートル自由形で世界記録を破りました。彼女は1984年17歳のときに初めてオリンピックに出ました。ダラは1988年と1992年にも出て，それから泳ぐことをやめました。「私は十分やったと思う」　彼女は何か他のことがしたかったのです。そこで彼女は泳ぐことをやめました。ダラは7年間全く泳ぎませんでした。

しかしダラが33歳で2000年のオリンピックに戻ってきたとき，人々は驚きました。彼女はアメリカの水泳チームで最も年上でした。しかし彼女はその年，他のだれよりも多くのメダルを勝ち取りました。

2000年のオリンピック後，ダラは再び泳ぐことをやめました。彼女は結婚し，子どもを持つことを考え始めました。彼女の女の赤ちゃんは2006年4月18日に生まれました。それは彼女の人生で最も幸せな日でした。しかし彼女は妊娠したとき，しばしば気分が悪くなりました。「泳げば気分がよくなるわ」

彼女は5年間泳ぎませんでしたが，それからプールに行きました。そして彼女は泳ぐと気分がよくなったのです。赤ちゃんが原因で，彼女のおなかはだんだん大きくなりました。しかし彼女はプールの中では軽く感じました。赤ちゃんが生まれたあと，彼女は泳ぎ続けました。それは楽しみでした。

娘が生まれて数か月後，ダラの父親が亡くなりました。それは彼女にとってとてもつらいことでした。しかし水泳が悲しみにくれる彼女を助けました。彼女はますますたくさん泳ぎました。そのときダラは，自分がまだとても速い泳者だとわかりました。

彼女は再びオリンピックに出たいと思いました。ダラは「夢に年齢の限界をもうける必要はありません」と言いました。彼女は新しいトレーニングスタイルを考えつきました。彼女はもっと若いとき，週に7日間，65,000メートル泳ぎました。そのとき彼女は週に5日間，25,000メートルしか泳ぎませんでした。彼女は以前体を休める時間がありませんでしたが，そのときはいくらかとりました。彼女はまたストレッチを多くやりました。

彼女はますます速くなり，2008年の夏季オリンピック大会に選ばれました。オリンピックで，彼女は50メートル自由形でアメリカの記録を破り，2位になりました。そのとき，5分後に彼女は再び泳がなければなりませんでした。このときは彼女はリレーで100メートル泳ぎました。彼女は世界の女性の中で100メートルを最も速く泳ぎました。彼女のチームは2位でした。

「年をとりすぎているから何かをすることができないと思う人がおそらくいるでしょう。また子どもがいるからできないと思うかもしれません。私はこれらの人々を手伝うことができれば，本当にうれしいです」

12 1．「その日，ヘビが湖の近くに家を作った」という文が続き，そのヘビが白鳥の卵を食べてしまうということから，「彼らはその『悲しい』日までは『幸せ』だった」とするのが適切。

2．「この新たな危険」とは，同段落の3～5文目の内容を指している。

3．① 「私たちの下手なアイデア」は，第4段落のカニが思いついたアイデアを指す。その具体的な内容は第5段落の冒頭で説明されている。

　② カニと白鳥がヘビを殺さなければならなかったのは，彼らが卵を守りたかったからである。第2段落より to save the eggs を抜き出す。

4．カニと白鳥は，新しい敵のマングースを遠ざけるために何を考える決心をしたのか？→第4段落より idea を入れて「もう1つのアイデア」，または第2段落より way を入れて「もう1つの方法」とする。

5．第7段落の後半に着目する。マングースに助けられたあと，それが新しい敵になってしまった話なので，エの「危険な助っ人」が適切。

6．ア．「湖は魚にとってよいすみかだった」。第1段落の前半を見る。正しい。

　イ．「カニは白鳥を助けたかった」。第4段落の冒頭を見る。正しい。

　ウ．白鳥にカニよりよいアイデアがあったという記述はない。

　エ．第5段落の前半を見る。カニと白鳥は木に登らず，木の陰で見守っていた。

　オ．第5段落の後半でマングースは喜んで魚を食べているが，ヘビが魚を好きかは書かれていない。

　カ．最終段落でカニと白鳥はもう1つのアイデアを考える決心をしたが，カニ自身がマングースと戦う
　　ことにしたという記述はない。

答 1．ウ　2．A．コ　B．カ　C．ウ　3．①エ　②to save the eggs　4．idea（または，way）　5．エ
6．ア・イ

◀**全訳**▶　深い森の中に湖がありました。すべての動物がその湖からしばしば水を飲みました。この湖の水は
とてもきれいだったので，多くの魚が長い間そこに住んでいました。湖にはカニがいました。彼の親友は白
鳥でした。彼女も同じ湖に住んでいました。彼らはいっしょに暮らし，ある悲しい日まではずっと幸せでし
た。その日，ヘビが湖の近くに家を作ったのです。

　毎日白鳥は卵を産み，ヘビが来てそれを食べました。白鳥は「卵を救うための方法を見つけなければなら
ない」と考えました。

　ある日，彼女はカニのところに行き「どうか私を助けてください，親愛なる友よ。私の卵が危険なのです。
あのヘビが巣の卵をすべて食べてしまいます。私には何ができるでしょう？」と言いました。

　カニは親友を助ける決心をしました。そして，彼はしばらくの間考えました。それから彼は「ぼくにアイ
デアがある。湖から多くの魚を捕まえて，それらをヘビの家からマングースの家までの路上に置いていこう」
と言いました。マングースは湖の近くの木に住んでいました。

　カニと白鳥は魚を捕まえ，それらをマングースの家からヘビの家まで落としていきました。そして彼らの
両方は木の陰にひそみ，観察しました。彼らがしばらく待ったあと，マングースが出てきました。彼は魚を
見て興奮しました。「わあ！　ぼくの家のすぐ外に魚がある！」と彼は言いました。彼は空腹そうにそれらを
見つめ，そしてうれしそうに一匹ずつ，すべて食べました。彼は食べている間，ヘビの家まで魚をたどり続
けました。ついに，マングースはヘビの家に着きました。カニと白鳥の両方は木の陰で待っている間，これ
らの出来事をすべて見ていました。

　ヘビはマングースを見たとき，「あのマングースはぼくを食べるためにここにいるな。ぼくはそれと戦うべ
きだ」と思いました。しばらくして，ヘビはマングースと戦い始めました。彼らはしばらくの間戦いました。
ひどい戦闘のあと，マングースはヘビを殺しました。

　木の陰からこれを見たあと，白鳥とカニは安心しました。しかし彼らの喜びはすぐに消えました。その次
の日，マングースがさらに多くの魚を探している間に，白鳥の家を見つけたのです。そこでマングースは白
鳥の卵を見つけました。彼はすぐにそれらのすべてを食べてしまいました。白鳥とカニはそのとき無力に感
じました。彼らは自分自身でこの新たな危険を生み出したのです。彼らはマングースが危険な助っ人だとは
知りませんでした。2人の友だちは泣きました。「ぼくたちの下手なアイデアが自分たちに新しい敵を与えて
しまった。それはあのもう一方の敵よりも危険なんだ」

　数日後，彼らはもう1つのアイデアを考える決心をしました。あなたが敵と戦っている間は，注意深くな
ることが大切です。